低糖質！
食べても太らない
即ウマレシピ

失敗なしの

ひとり  鍋 ごはん

高嶋純子

三空出版

CONCEPT

この本でご紹介する鍋料理は、下の3つが合言葉。
夜遅く食べても太りにくい、たくさん食べても罪がない！
そんな「季節のひとり鍋」をご紹介します。

どのレシピも糖質40g・熱量500kcal未満！
遅い時間でも罪悪感なく食べられる、
低糖質・低カロリーの鍋料理です。

春夏秋冬、旬の食材を
ふんだんに使った体が喜ぶレシピです。
美味しさのコツも満載！

疲れて帰ってもすぐに鍋料理ができるよう、
食材に合った冷凍方法や切り方など、
準備のテクニックも掲載しています。

こんな人におすすめします

☑ ひとり暮らしの人
☑ 遅い時間の食事に罪悪感のある人
☑ 手軽に栄養のあるものを食べたい人

☑ 料理がめんどうな人
☑ ダイエットしたい人
☑ 疲れていてもちゃんと食べたい人

罪なく・美味しく・手軽に食べられる
鍋生活はじめませんか?

　仕事を終えて頭も体もクタクタ。温かくて栄養のあるものを食べたいけれど、料理をする元気がなくて、結局コンビニのおにぎりですませてしまう……。そんな人にぜひおすすめしたいのが「鍋料理」です。

　鍋料理はなにしろかんたん。基本は食材を「切って、煮る」だけ。さらに、野菜や肉・魚などの具材と一緒に汁までいただくことで、食材の栄養をあますことなく体に取り入れることができます。ひとり分の食事を作るのがめんどうな人や、美味しく食べながらダイエットしたい人、健康になりたい人にこそ、おすすめしたい料理なんです。

　本書では、旬の食材をふんだんに使った季節の鍋料理をご紹介します。罪なく美味しく食べられるように、低糖質・低カロリーにアレンジし、手軽に料理できるように、準備の方法や料理のコツなども掲載しています。シンプルだからこそ、食材の栄養も美味しさも丸ごと味わえる鍋料理。ぜひ日々のごはんに取り入れてください。

高嶋純子

罪悪感なしの

低糖質！
食べても太らない
即ウマレシピ

ひとり鍋ごはん

CONTENTS

旬の食材を活かした
季節の鍋

春鍋
やわらかい春野菜が
主役のやさしい味

夏鍋
汗を促し暑さを乗りきる!
スタミナもUP!!

秋鍋
食欲が増す季節
腸を元気にする

冬鍋
本格的な寒さに向かい
体を芯から温める

column

血糖値が上がりにくいもち麦は
ダイエットに最適! 102

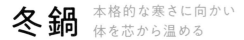

余った食材で作る
かんたん副菜

鍋の楽しみが広がる
味変タレのすすめ 120

遅い時間に食べてもOK!

罪悪感なし・栄養満点の鍋レシピ

　この本でご紹介する鍋料理は、すべて糖質40g・熱量500kcal以内。低糖質・低カロリーのレシピですから、夜遅く帰宅して、「こんな時間に食べると太るなあ」なんて罪悪感は不要です。

　もともと鍋は、野菜や肉・魚などがメインの具材となる、太る要素の少ない料理です。食材に含まれるビタミンや食物繊維、たんぱく質などを一度に摂取できることから、無理なく健康的なダイエットのお助け料理でもあります。ただし鍋と一緒に、〆のごはんや麺などの炭水化物をたくさん食べると、糖質過多になってしまうので注意が必要。

　そこで今回ご紹介するレシピは、❶〆いらずのボリューム感　❷汁まで全部飲んでいただく味付け　の2点に重点をおいて考案しました。

　また、レシピに合う低糖質食材や味変タレなども紹介していますので、ぜひ参考にしてください。

　メニューはスタンダードな鍋もあれば、外国でよく食べられている名物料理をかんたんにアレンジしたものもあります。季節の鍋、いろんな国の鍋を楽しんでくださいね。

食材選びのポイント

　どんな料理もそうですが、食材はレシピ通りにきっちりそろえなくても大丈夫。とくに鍋の場合、基本は「煮る」料理なので、ほうれん草の代わりに小松菜や白菜、豚肉の代わりに鶏肉というように、お好みの食材や冷蔵庫にある食材で代用し、アレンジを楽しんでください。

　ただし、食材によって含む糖質や熱量は大きく変わります。

　たとえば、肉類に含まれる糖質はごくわずかですが、霜降り肉や皮付きの肉は熱量が高くなります。低糖質・低カロリーの鍋にするには、脂の少ない赤身肉や鶏ささみなどの使用がおすすめです。

　また、野菜類は種類によって、糖質の多いもの少ないものさまざまです。かぼちゃやじゃがいも、ごぼう、れんこんなどは糖質を多く含むので、食べてもいいのですが量は加減しましょう。

　魚介類やきのこ類は、低糖質・低カロリー鍋にとくにおすすめの食材です。特売のときなどにまとめて買って冷凍保存しておくと、いざというときに鍋のメイン具材として活躍してくれます。

小腹がすいたときや物足りないときは
卵やチーズ、ナッツをプラス！

ゆで卵 1個
糖質 0.2g
91kcal

カマンベール
チーズ1/6個（約17g）
糖質 0.1g
52kcal

くるみ 1粒
糖質 0.2g
20kcal

美味しく

ひとり鍋を美味しく作る
5つのポイント

手早く美味しい鍋に仕立てるコツや工夫をご紹介!
毎日食べても飽きない鍋生活をはじめましょう。

① 使う食材は早めに冷蔵庫から出す

　食材は常温に近いほうが火の通りが早くなるので、早めに冷蔵庫から出しましょう。冷凍保存の肉や魚は、当日の朝に冷蔵室に移し、ゆっくり解凍しておくと時短になり、味も断然美味しくなります。

② 具材の切り方や、大きさ・厚みをそろえる

　食感にばらつきが出ないように、できるだけ切り方やサイズをそろえましょう。根菜など火が通るのに時間がかかるものは、薄切りにすると早く煮えます。

③ 「煮る」ときはふたをする

　汁を煮立てるときや、具材を加えて火を通すときは、鍋にふたをしましょう。熱や香りを逃さず、具材の火の通りも早くなります。最後にふたを取ったとき、香りがふわっと広がりますよ。

「水だし」を作り置きしておく

　作り方は簡単。かつお節、昆布などを水に浸けて、冷蔵庫に一晩入れておくだけでOK。時間をかけて旨味を抽出するので、雑味が少なく、すっきりとした味わいが特徴です。

昆布だし
水1ℓ
昆布20〜30g

かつおだし
水1ℓ
かつお節20〜30g

しいたけだし
水500㎖
干ししいたけ
10〜15g（3〜4枚）

※急ぐ場合は、カット済みの干ししいたけを使うと時短可能

> **10時間ほど経ったら
> 美味しいだしが完成**

> **保存の目安は約3日。
> 冷凍保存なら2週間ほど**

> **使用する水は水道水でOK。ミネラルウォーターを使う場合は、
> 旨味を抽出しやすい軟水がおすすめ**

┈┈┈┈┈┈ 水だしのほかに、本書で使用しているだし ┈┈┈┈┈┈

● **顆粒だし**（鶏がらスープの素・コンソメスープの素）

● **白だし**

● **めんつゆ** ※本書では3倍濃縮のものを使用

※いずれのだしもメーカーによって塩分濃度が大きく変わるので、パッケージの表記に従って使用してください

⑤ 調味料や薬味を楽しむ

そろえておきたい調味料をご紹介！ それぞれの特徴を知っておくと、ほんの少し使うだけで劇的に美味しくなったり、より本格的な味になったり。バリエーション豊かに鍋の美味しさが広がります。

味を決める基本調味料「さ・し・す・せ・そ」

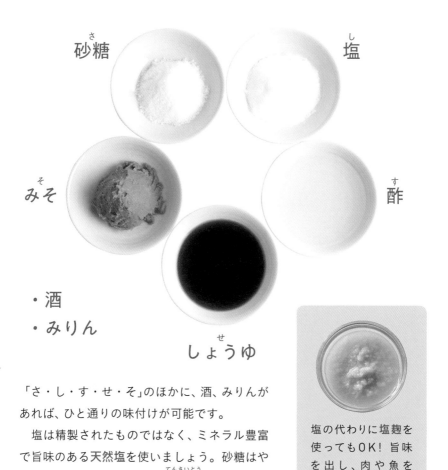

砂糖（さ）

塩（し）

みそ（そ）

酢（す）

・酒
・みりん

しょうゆ（せ）

「さ・し・す・せ・そ」のほかに、酒、みりんがあれば、ひと通りの味付けが可能です。

塩は精製されたものではなく、ミネラル豊富で旨味のある**天然塩**を使いましょう。砂糖はやさしい甘味が出るきび糖や**甜菜糖**がおすすめ。砂糖の代わりにみりんで代用してもOK。

塩の代わりに塩麹を使ってもOK！ 旨味を出し、肉や魚をしっとりと仕上げる。

味にアクセントをつける調味料

　下味に使ったり、仕上げにふりかけたりすることで、辛味、香り、色、コクが加わり、味に個性を出す調味料です。ほんの少し使うだけで、料理がグッと美味しくなります。

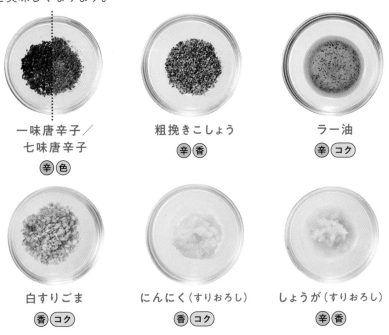

一味唐辛子／
七味唐辛子
辛　色

粗挽きこしょう
辛　香

ラー油
辛　コク

白すりごま
香　コク

にんにく（すりおろし）
香　コク

しょうが（すりおろし）
辛　香

より本格的な味に！プラスαの調味料

　世界各国の調味料の中から、使いやすいものをご紹介。あればプロっぽい仕上がりになるので、好きなテイストを見つけると料理が楽しくなりますよ。

カレー粉　　コチジャン　　豆板醤　　鷹の爪／　　ゆずこしょう
　　　　　　　　　　　　　　　　　　糸唐辛子

粉山椒、花山椒、ナンプラー、ローリエ、パプリカパウダー（P22参照）など

仕事終わりの疲れた体でも
パッと作れる準備のテク

　ひとり分の野菜をその都度買って、その都度準備をするのはめんどうなうえ、時間もお金ももったいない。休日など時間に余裕があるときに食材を買って下準備をして保存しておくと、平日は帰宅後にサッと料理に取りかかることができます。食材を使わないまま腐らせることなく、節約にもなりますよ。

基本の鍋パック

　白菜やにんじん、ねぎなど鍋料理によく使う野菜は、鍋用にカットして、1回分ずつジッパー付きの保存袋に入れて冷凍しましょう。使用の際は凍ったまま、鍋に入れればOKです。

　白菜は一口大のざく切り、にんじんは5cmほどの長さの拍子木切り、長ねぎは1 〜 2cm 幅の斜め切りにしておくと、炒めものや煮ものにも活用できます。

1回分の分量の目安
白菜…150g
にんじん…1/3本
長ねぎ…1/2本
※冷凍庫で約2週間保存可能

薬味野菜や香味野菜

にんにく（みじん切り）
※冷凍庫で約1ヶ月保存可能

しょうが（すりおろし）
※冷凍庫で約1ヶ月保存可能

青ねぎ（小口切り）
※冷凍庫で約2週間保存可能

　少量しか使わない薬味野菜や香味野菜は、用途に応じて下処理をしてから冷凍しましょう。

　にんにくのみじん切りやすりおろししょうがは、ラップに薄くのばして包んでおくと、使う分ずつ割って使用できます。薬味用の青ねぎは、新鮮なうちに小口切りにして冷凍保存。袋に入れるとつぶれてしまうので、容器に入れて保存しましょう。

野菜やきのこは下処理をして
特性に応じた保存方法で

きのこ（しめじ、えのきだけ、エリンギ、まいたけなど）

　鍋具材として重宝されるきのこ。石づきを取って小房に分ける、ほぐすなど、それぞれ食べやすいように下処理をし、保存袋に入れて冷凍し、使う際は凍ったまま調理します。

　きのこは冷凍することで細胞壁が壊れるため、旨味や香りがアップします。また、数種類一緒に料理すると味に深みが出るので、1袋にミックスして保存するのもおすすめです。

※冷凍庫で約1ヶ月保存可能

生しいたけ

※常温で1〜2ヶ月保存可能

　生しいたけは天日干しがおすすめ。ザルの上に重ならないように並べ、日当たりのいい場所に置いておくと、2〜3日で水分がしっかり抜けます。良いだしが出るので、水だし（P11参照）にすると鍋の汁にも具にも使えます。冷凍保存もできますが、香りが強いので、ほかのきのことは分けて保存しましょう。

もやし

　もやしは冷凍するとシャキシャキ感が損なわれるので、一度水洗いしたあと、ふた付きの容器に水と一緒に入れて冷蔵保存。使用の際は、サッと洗ってザルで水気をきるだけ。素早く使用できます。

※冷蔵庫で1〜2日保存可能

主な鍋野菜の冷凍保存法一覧

　水分の多い野菜や根菜類は、冷凍すると食感が変わりやすいので、下ゆでしたり細かくカットしたりと工夫しましょう。凍らせた野菜は、解凍せずにそのまま加熱しましょう。

	野菜名	保存法
生のまま	きのこ類	小房に分ける（P15参照）
	キャベツ、白菜、水菜	一口大にざく切りする
	長ねぎ、青ねぎ	用途に合わせて切る
	玉ねぎ	みじん切り／薄切り
	にんじん	用途に合わせて切る ※乱切りなど大きく切るのはNG
	しょうが、にんにく	用途に合わせて切る／すりおろす
	にら	用途に合わせて切る（P36参照）
	ピーマン・パプリカ	細切りする
ゆでる	アスパラ、いんげん	食べやすい大きさに切って、ゆでる
生のまま／ゆでる	ほうれん草	ザク切りにして生のまま／ ゆでて水気を絞り4〜5cmに切る
	小松菜、ちんげん菜	
	ブロッコリー	小房に分けて、生のまま／ゆでる
	ごぼう	ささがきにして、生のまま／ ゆでる（P72参照）
	オクラ	板ずりして、生のまま／ゆでる

肉・魚は
ぴっちりラップして冷凍保存

　肉や魚は傷みやすいので、買ってきたら早めに下処理・冷凍がおすすめ。パックから出して表面のドリップをペーパータオルで拭き取ったあと、空気に触れないようにぴっちりラップで包み、保存袋に入れて急速冷凍室へ。

　家の冷蔵庫に「急速冷凍機能」がない場合は、アルミやステンレスのトレイにのせて冷凍庫に入れると早く凍らせることができます。

　使用する際は、保存袋の上から流水に当てて半解凍して調理するか、冷蔵庫に移してゆっくり解凍しましょう。

薄切り肉

重ならないように 並べて、1回分ずつ小分けにして冷凍。

※冷凍庫で2〜3週間保存可能

魚の切り身

ドリップを拭き取る際は、1枚のペーパータオルで包むようにして、ペーパーの上からやさしく押さえる。

※冷凍庫で約2週間保存可能

挽き肉

保存袋に入れ、平たくして冷凍保存。1回分の使用量を目安に、袋の上から箸などで押さえて筋をつけておくと、使用する際に割って使うことができる。

※冷凍庫で2〜3週間保存可能

アサリ

砂抜きをしてペーパータオルで水気を拭き取り、保存袋に重ならないように入れて冷凍庫へ。凍ったまま鍋に入れてOK。

ひとり用の鍋を買うなら
おすすめはこのタイプ！

料理ができたら、コンロから直接食卓に運んで「いただきます！」。そう、調理鍋がそのまま食器として使えるのも、ひとり鍋のいいところ。もちろんお手持ちの鍋で美味しくできますが、ひとり用の鍋を新たに新調するなら、ぜひこのページを参考にしてください。

最初に買うなら 土鍋（6号）

遠赤外線効果で食材を芯から温める土鍋。保温性が高く、食卓に運んだあとも熱々の状態で食べられます。土独特の温かみのあるデザインで、ひとりごはんを盛り上げてくれます。鍋料理のイメージが強い土鍋ですが、ごはんを炊いたり、雑炊や麺ものもこれひとつでOK! カレーなども美味しくできます。

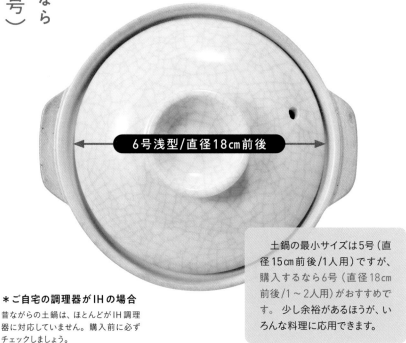

6号浅型/直径18㎝前後

＊ご自宅の調理器がIHの場合
昔ながらの土鍋は、ほとんどがIH調理器に対応していません。購入前に必ずチェックしましょう。

土鍋の最小サイズは5号（直径15㎝前後/1人用）ですが、購入するなら6号（直径18㎝前後/1〜2人用）がおすすめです。少し余裕があるほうが、いろんな料理に応用できます。

土鍋を持っているなら
こちらもおすすめ！

フライパンにもなる 鉄鍋

　熱伝導率の高い鉄鍋は、すき焼きなど、焼いたあとに煮る料理がバツグンに美味しくできます。ひとり用の小ぶりのものなら、オーブンに入れることもでき、フライパンとして使ってそのまま食卓でお皿代わりにしても料理が映えます！

食卓まで運びやすい 片手土鍋

　ひとり鍋はもちろん、煮物やスープ、雑炊などでも活躍する片手土鍋。なんといっても持ちやすいので、食卓までらくらく運べます。そしてとってもおしゃれ。写真は中国のものですが、日本製もたくさんあり、デザインも豊富です。お気に入りを見つけてみては？

オーブンでも使える 片手キャセロール

　「キャセロール」とは、調理後にそのまま食器としても使える鍋のこと。いろんな材質のものがありますが、写真は赤土でできた、いわば西洋風の土鍋です。オーブンや魚焼きグリルでも使えるので、チーズを使った洋風鍋などの際、仕上げにチーズをとろけさせるときも便利です。

このレシピBOOKの使い方

❶材料

＊計量の単位は、小さじ1＝5㎖、大さじ 1＝15㎖、1カップ＝200㎖です。いずれも すりきりで量ります。

＊塩は天然塩を使っています。

＊合わせだしは、昆布やかつお節など、お好 みのだしを合わせてご使用ください。

❷作り方

＊食材の下準備について、とくに明記してい ないものは「洗う」「皮をむく」「種やヘタを 取る」などの工程は表記を省略しています。

＊「火にかけて」と表記している場合は、「中 火」です。

＊ガスコンロ、IHヒーターなど、コンロによっ て火力が違うため、表記の加熱時間を目 安に火加減を適宜調節してください。

＊電子レンジは「600Wを使用した場合」で 表記しています。機種によって異なります ので、加熱時間は適宜調整してください。

❸ミニ情報

＊美味しくなるコツ、時短のコツ、アレンジ例 などを紹介しています。

❹味変タレ

＊鍋に合う「おすすめのタレ」を紹介していま す。作り方は表記のページに掲載していま す。

❺糖質量・熱量・調理時間

 ＊糖質量と熱量は1人分です。小 数点以下の数値は省略していま す。

 ＊食材の個体差によって多少の違 いがあるので、目安とお考えくだ さい。

 ＊調理時間は表記の工程にかかる 時間の目安です。食材の解凍に かかる時間は含みません。

旬の食材を
活かした————

季節の

鍋

アサリと豚のポルトガル風鍋

じゃがいもに食材の旨味をたっぷり吸わせて召しあがれ。

材料 （1人分）

アサリ（水煮缶）…1/2缶（65ｇ）
豚ロース肉（薄切り）…100ｇ
じゃがいも…小1個
ミニトマト…4個
にんにく（つぶす）…1/2片分
レモン（スライス）…2枚
オリーブオイル…小さじ2
パクチー（またはパセリ）…適量
パプリカパウダー…適宜

A
┌ コンソメスープの素（顆粒）…小さじ1
│ 水…1カップ
│ 白ワイン…大さじ3
│ 塩…少々
│ こしょう…少々
└ ローリエ…1枚

作り方

① 下準備

豚肉は一口大に切る。じゃがいもは皮ごと四つ割りにしてラップをかけ、電子レンジで3分加熱する。

② 煮る

鍋にオリーブオイルとにんにくを入れて火にかけ、香りが立ったらAを加える。煮立ったら①とミニトマト、アサリ（汁ごと）を入れる。

③ 仕上げ

具材に火が通ったら、レモンと刻んだパクチーを散らす。お好みでパプリカパウダーをふりかけると、より本格的な風味に。

**パプリカパウダーで
風味アップ！**

ポルトガルでは「マッサ」という赤パプリカの発酵調味料をよく使います。これによく似た風味のパプリカパウダーがあれば、異国の香りがフワッと広がります。

マッサ

ポルトガル料理
「アレンテージョ」を
簡単スープ鍋に
アレンジ！

糖質 **25** g

カロリー **499** kcal

調理時間 **15** min

牛肉とクレソンの洋風すき焼き

赤ワインで仕立てた大人のすき焼き。クレソンと一緒に!

材料 (1人分)

牛肉(肩切り落とし) …… 140 g

クレソン …… 1束

長ねぎ …… 1/2本

しらたき …… 100 g

牛脂 …… 5 g

※オリーブオイルでもOK

A
- 赤ワイン …… 大さじ2
- しょうゆ …… 大さじ2
- みりん …… 大さじ1
- 砂糖 …… 小さじ2

作り方

① 下準備

長ねぎは3cmの長さに、しらたきは食べやすい長さに切る。Aを電子レンジで1分加熱し、割り下を作る。

② 焼く

鍋に牛脂を入れて火にかけ、長ねぎを加える。焼き目がついたら他の具材も入れ、牛肉に焼き色がついたところで割り下を回しかける。割り下が煮詰まったら赤ワインを加えて味を調える。

**クレソンの
水挿しで再利用!**

春に旬を迎えるクレソンはやわらかく色も鮮やか。繁殖力が強く、水を入れた器に挿しておくと、根や葉がどんどん伸びてきます。ぜひ再利用して。

溶き卵や
大根おろしと
一緒にいただくのも
おすすめ

味変タレ
・もみじおろしポン酢（P120）
・さっぱりみぞれ（P121）
・めんつゆマスタード（P122）
・わさび塩オイル（P123）

糖質
20
g

カロリー
497
kcal

調理時間
15
min

春

ホタテの香味鍋

野菜とハーブをたっぷり使った、彩りきれいな春鍋です。

材料 （1人分）

ベビーホタテ（ボイル）…8個
グリーンアスパラガス…2本
セロリ…1/3本
じゃがいも…小1個
パプリカ（赤または黄）…1/4個
マッシュルーム…4個
お好みのハーブ…適量
※パセリ、バジル、ディル、タイムなど
オリーブオイル…小さじ1

A
コンソメスープの素（顆粒）
…小さじ1½
水…1½カップ
塩…少々
こしょう…少々

作り方

① 切る

グリーンアスパラガスは5cm幅の斜め切り、セロリは5mm幅の斜め切り、じゃがいもは1cm幅、パプリカは1cm幅に切る。マッシュルームは半分に切る。

② 煮る

鍋にAを入れて火にかけ、具材を加えてふたをして煮る。じゃがいもがやわらかくなったら、オリーブオイルを回しかけ、ハーブを散らす。

バジル

ハーブが余ったら
乾燥させて保存

パセリ　タイム

ハーブはほんの少し使うだけで、料理がプロっぽくなるので、常備しておくと便利。フレッシュハーブを余らせてしまったときは、日陰で自然乾燥させて保存しておきましょう。

オリーブオイルの
代わりに
バターでもOK!

味変タレ
・カレーポン酢（P121）
・青のりオイル（P123）

糖質 **22** g

カロリー **244** kcal

調理時間 **15** min

春キャベツと新玉ねぎの鶏鍋

やわらかく甘味のある春野菜をたっぷり使った美肌鍋。

材料 （1人分）

鶏手羽先 …・ 150 g

新玉ねぎ …・ 3/4個

春キャベツ …・ 1/8個

かぶ …・ 小1/2個

しょうが（千切り）…・ 1/2片分

粗挽きこしょう …・ 適量

A
- 鶏がらスープの素（顆粒）
  …・ 小さじ1½
- 水 …・ 1½カップ
- 塩 …・ 少々

作り方

① **切る**

新玉ねぎは5mm幅に、キャベツはざく切りに、かぶはくし形切りにする。

② **煮る**

Aを鍋に入れて火にかけ、鶏肉、新玉ねぎ、かぶ、キャベツの順に加えてふたをして煮る。

③ **仕上げ**

野菜がやわらかくなったら、しょうがをのせて粗挽きこしょうをふる。

Advice!

**スープには
美肌成分がたっぷり
残さず食べて！**

コラーゲンを多く含む鶏手羽先と、コラーゲンの生成に欠かせないビタミンCを含むキャベツ、抗酸化作用の高い玉ねぎを一緒にとれる鍋です。スープも残さず飲んで、美肌成分をしっかりとりましょう。

味変タレ
・こしょうポン酢（P120）
・カレーポン酢（P121）

糖質
19
g

カロリー
452
kcal

調理時間
15
min

やさしい味わいの
スープには、
体にいい成分が
たっぷり

ロールしないキャベツ鍋

甘くてやわらかい春キャベツは短時間の煮込みでOK!

材料 (1人分)

春キャベツ …… 1/8個
イタリアンパセリ …… 適宜

A
┌ 合挽き肉 …… 100g
│ 玉ねぎ …… 1/4個
│ 溶き卵 …… 1/2個分
│ パン粉 …… 大さじ1
│ ナツメグ …… 少々
│ ※なくてもOK
│ 塩 …… 少々
└ こしょう …… 少々

B
┌ コンソメスープの素 (顆粒)
│   …… 小さじ1½
│ トマトジュース …… 3/4カップ
│ 水 …… 1/2カップ
└ ローリエ …… 1枚

作り方

① 下準備

玉ねぎはみじん切りに、春キャベツは芯を取ってざく切りにする。Aをボウルに入れ、粘りが出るまで練って肉だねを作る。

② 重ねる

キャベツ1/3量を鍋に敷き詰め、中央に肉だねを半量入れる。その上にキャベツ1/3量をかぶせ、残りの肉だね、残りのキャベツの順に重ねる。

③ 煮る

Bを加えて火にかけ、ふたをして10分煮る。お好みで刻んだイタリアンパセリを散らす。

**調味済みの肉だねは
小判形で冷凍**

肉だねはまとめて作って冷凍しておくと、料理がグンと手軽になります。小判形にしておくと、焼いてもいいし、鍋で煮てもOKです。

※「トルコ風肉団子鍋」(P76)では、この肉だねを利用

ゆでない、
巻かない、
ただ材料を
入れるだけ！

味変タレ
・ヨーグルトにんにく（P121）

糖質
16
g

カロリー
395
kcal

調理時間
20
min

コーンクリーム鍋

まろやかなコーンクリームと卵のとろり感が魅力の絶品鍋。

材料 (1人分)

コーンクリーム (缶詰) ···· 100g

鶏むね肉 ···· 60g

生しいたけ ···· 1個

スナップエンドウ ···· 8個

たけのこ (水煮) ···· 50g

卵 ···· 1個

塩 ···· 少々

こしょう ···· 少々

片栗粉···大さじ1/2

水溶き片栗粉 ···· 大さじ1
※片栗粉大さじ1/2と水大さじ1/2を混ぜる

A ┌ 鶏がらスープの素 (顆粒)
  │   ···· 小さじ1 ½
  └ 水 ···· 1カップ

作り方

① 下準備

鶏肉はそぎ切りにして片栗粉をまぶす。スナップエンドウはヘタと筋を取り、その他の野菜は食べやすい大きさに切る。

② 煮る

鍋にAを入れて火にかけ、①を加えてふたをして煮る。野菜に火が通ったらコーンクリームを入れて塩とこしょうで味を調える。

③ 仕上げ

水溶き片栗粉でとろみをつけ、卵を溶いて回し入れ、ひと煮立ちさせる。

Advice!

ちょっとのアレンジで別メニューに!

アレンジ❶
残ったスープにオートミールを入れて煮るとやさしい味のお粥に。次の日の朝ごはんにぴったり。

アレンジ❷
鶏がらスープの代わりに、コンソメスープ&牛乳で仕立てると洋風鍋に変身!

最後にごま油を
回しかけると、
コクと風味が
アップ！

糖質
30
g

カロリー
392
kcal

調理時間
15
min

白身魚の春雨スープ鍋

春雨に白身魚のだしを吸わせた、やさしい味の鍋。

材料 （1人分）

鯛（切り身）…・100 g
※白身魚ならなんでもOK

豆苗 …・1/4袋

長ねぎ …・1/2本

緑豆春雨（下ゆで不要のもの）…・40 g

にんにく（みじん切り）…・1片分

ごま油 …・小さじ2

酒 …・大さじ3

粗挽きこしょう …・適宜

A ┌ 白だし …・大さじ1
　└ 水 …・1½カップ

作り方

① 下準備

鯛は食べやすい大きさに、長ねぎは斜め切りに、豆苗は根元を切り落とす。

② 煮る

鍋にごま油半量とにんにくを入れて火にかけ、香りが立ったら鯛と長ねぎを加え、酒をふってふたをする。鯛に火が通ったらAを入れ、ひと煮立ちしたら春雨を加えて2分ほど煮る。

③ 仕上げ

豆苗を加えてサッと火を通したら、残りのごま油を回しかけ、お好みで粗挽きこしょうをふる。

**小鍋には
ロールした春雨が
便利!**

春雨は下ゆで不要のものがおすすめ。また、小鍋を使うときは形状も意識して選びましょう。棒状のものは小さな鍋からはみ出すため調理前にカットする必要があります。ぜひロールタイプを選んで。

味変タレ

- さっぱりみぞれ（P121）
- ごま＆オイスター（P122）
- 練りごまラー油（P122）
- エスニック（P123）

糖質
40
g

カロリー
477
kcal

調理時間
10
min

さっぱり鍋に
酒の旨味と
ごま油で
コクをプラス

にら玉鍋

にら玉の下に野菜炒めとスープが隠れたスタミナ満点の鍋。

材料 （1人分）

卵 …1個

にら … 1/2束

もやし … 1/2袋

キャベツ … 1/10個

豆腐 … 1/3丁（100 g）

豚肉（こま切れ）… 100 g

ごま油 … 小さじ2

しょうが（すりおろし）… 小さじ1

A
- しょうゆ … 小さじ1
- 酒 … 小さじ1
- みりん … 小さじ2

B
- 鶏がらスープの素（顆粒）… 小さじ1
- 水 … 1カップ

作り方

① 下準備

にらは5cmの長さに、キャベツはざく切りにする。豆腐は食べやすい大きさに切る。卵は溶く。

② 炒める

鍋にごま油をひいて火にかけ、豚肉としょうがを入れて炒める。豚肉の色が変わったらキャベツ、もやしの順に加えてAで味を調える。

③ 煮る

Bを入れて煮立ったら豆腐を加える。野菜がやわらかくなったら、中央ににらをのせて溶き卵を回し入れ、ふたをして蒸らす。

**傷みやすい
にらは冷凍保存**

にらはすぐに葉先がしんなりしてしまうので、購入した日に使わない場合は冷凍保存がおすすめ。ざく切り、小口切りなど、料理に合わせてパックしましょう。

春のにらは
葉が肉厚でやわらかく、
香りが強いのが特徴。
ぜひ食事に取り入れて
……。

味変タレ
・ごまみそ（P122）
・ごま＆オイスター（P122）
・練りごまラー油（P122）

糖質
15
g

カロリー
465
kcal

調理時間
10
min

春

春野菜と押し麦の鍋

お腹の満足度が高い、トマトベースのヘルシー鍋。

材料 (1人分)

押し麦 …. 大さじ2
グリーンアスパラガス …. 2本
スナップエンドウ …. 3個
キャベツ …. 1/8個
ベーコン …. 2枚
粉チーズ …. 大さじ1/2
パセリ …. 少々

A ┌ コンソメスープの素 (顆粒)
  │   …. 小さじ1½
  │ トマトジュース …. 1カップ
  │ 水 …. 1/2カップ
  │ 白ワイン …. 大さじ3
  │ にんにく (すりおろし) …. 小さじ1/2
  │ 塩 …. 少々
  └ こしょう …. 少々

作り方

① 下準備
ベーコンは5mm幅に、グリーンアスパラガスは5cm幅の斜め切りにする。キャベツはざく切りに、スナップエンドウはヘタと筋を取る。

② 煮る
鍋にAを入れて火にかける。煮立ったら①と押し麦を加え、ふたをして10分ほど煮る。

③ 仕上げ
押し麦に火が通ったら、粉チーズと刻んだパセリを散らす。

押し麦を入れて
栄養と腹持ちを
プラス!

押し麦はうるち性の大麦をローラーなどで平たくしたもの。一度蒸したあとに形状加工されているので、水分を吸いやすいのが特徴。食物繊維が豊富で腸内環境を整えるうえ、血糖値の上昇も緩やか。満腹感が持続するのでダイエットにもおすすめの食材です。

穀物と旬野菜の鍋は栄養バランスもバツグン!…………

味変タレ
・ヨーグルトにんにく (P121)

糖質
30
g

カロリー
347
kcal

調理時間
15
min

ちゃんぽんスープ鍋

シーフードミックスと牛乳でお手軽・コク旨!

材料 (1人分)

シーフードミックス …· 100g
キャベツ …· 1/8個
玉ねぎ …· 1/4個
もやし …· 1/3袋
しめじ …· 1/4パック
かまぼこ (薄切り) …· 3枚
牛乳 (または豆乳) …· 1/2カップ
ごま油 …· 小さじ1
粗挽きこしょう …· 適宜

A
鶏がらスープの素 (顆粒) …· 小さじ1
水 …· 1カップ
しょうが (すりおろし) …· 小さじ1
にんにく (すりおろし) …· 小さじ1
塩 …· 小さじ1/3

作り方

① 下準備

シーフードミックスは解凍しておく。キャベツはざく切りに、玉ねぎは薄切りにする。かまぼこは1cm幅の拍子木切りに、しめじは石づきを取ってバラバラにする。

② 煮る

Aを鍋に入れて火にかけ、煮立ったら①を加え、ふたをして2〜3分煮る。

③ 仕上げ

キャベツがやわらかくなったら、もやしと牛乳を加えてサッと火を通し、ごま油、お好みで粗挽きこしょうをふる。

シーフードミックスは
塩水解凍

シーフードミックスは、塩水 (水1カップ:塩小さじ1) に30分ほど浸けて解凍すると、臭みがなくなりプリプリの食感に。解凍できたらペーパータオルで水分を拭き取ってから調理しましょう。

味変タレ
・練りごまラー油（P122）

糖質
18
g

カロリー
305
kcal

調理時間
10
min

お酢を
少し入れると
まろやかさが
増します

わかめと梅干しのさっぱり鍋

食欲のない日や夏バテ防止にぴったりの疲労回復鍋。

材料 (1人分)

豚バラ肉(薄切り) …. 80 g

梅干し …. 1個

カットわかめ(乾燥) …. 6 g

豆腐 …. 1/3丁(100 g)

長ねぎ …. 1/2本

白いりごま …. 少々

A ┌ 白だし …. 大さじ1
　└ 水 …. 1 ½ カップ

作り方

① 下準備

カットわかめは2分ほど湯に浸けて戻す。豚肉、豆腐、長ねぎは、食べやすい大きさに切る。

② 煮る

Aを鍋に入れて火にかけ、煮立ったら①を加える。火が通ったら梅干しをのせ、白ごまをふる。

**〆には
糖質を抑えた
麺がおすすめ**

もう少し食べたいときは、こんにゃくやおからなどを原料にした低糖質麺を鍋に入れましょう。麺の形状や食感もさまざまにあるので、お気に入りの麺を常備しておくと、いざというときも罪なく食べられます。

わかめをたっぷり
食べるヘルシー鍋。
梅干しは疲労回復に
Good!

味変タレ
・しょうがポン酢（P120）
・ゆずこしょうマヨポン酢（P121）
・わさびごまポン酢（P121）
・カレーポン酢（P121）
・ねぎ塩（P122）
・わさび塩オイル（P123）

糖質 **6** g

カロリー **415** kcal

調理時間 **10** min

塩さばのレモン鍋

白ワインで煮込んだ、レモンとハーブがさわやかなさば鍋。

材料 （1人分）

塩さば …… 90g
レモン（スライス） …… 6枚
大根 …… 70g
玉ねぎ …… 1/4個
にんにく（つぶす） …… 1/2片分
オリーブオイル …… 小さじ2
白ワイン …… 1/2カップ
こしょう …… 少々
イタリアンパセリ …… 適量
※お好みのハーブでOK

A
┌ コンソメスープの素（顆粒）
│   …… 小さじ1
├ 水 …… 1/2カップ
└ ローズマリー …… 1枚

作り方

① 下準備

塩さばは一口大に切る。玉ねぎは薄切り、大根は薄い輪切りにする。

② 炒める

鍋にオリーブオイルをひいて火にかけ、にんにくと玉ねぎを入れて炒める。玉ねぎがしんなりしたら、塩さばと大根、白ワインを加え、ふたをして蒸し焼きにする。

③ 仕上げ

大根に火が通ったらAを加え、煮立ったらレモンをのせる。軽く火が通ったら刻んだイタリアンパセリを散らし、こしょうをふる。

栄養豊富なさばを鍋の具材に

免疫強化に貢献するビタミンDをはじめ、脳や神経の機能を活性化させるDHA※1、血中コレステロールや中性脂肪を減らすEPA※2を豊富に含むさば。味がしっかりしているので鍋具材としても優秀です。

※1 DHA：ドコサヘキサエン酸
※2 EPA：エイコサペンタエン酸

レモンやハーブで
さばの臭みを
消すのがコツ！

味変タレ
・カレーポン酢（P121）
・ヨーグルトにんにく（P121）
・サルサ（P123）

糖質
14
g

カロリー
486
kcal

調理時間
15
min

夏野菜のカレー鍋

ルーを使わないヘルシーなカレー鍋。塩麹でコクUP!

材料 (1人分)

鶏手羽中 …· 3本 (80g)
かぼちゃ …· 45g
なす …· 小1/2本
オクラ …· 2本
パプリカ (赤) …· 1/4個
カレー粉 …· 大さじ1/2
にんにく (すりおろし) …· 小さじ1/2
しょうが (すりおろし) …· 小さじ1
サラダ油 …· 小さじ2
パクチー …· 適宜

A ┌ 鶏がらスープの素 (顆粒) …· 小さじ1
  │ 水 …· 250mℓ
  │ 塩麹 …· 小さじ1
  │ ※なければ塩小さじ1/3〜1/2
  └ トマトケチャップ …· 大さじ1

作り方

① 下準備

かぼちゃを薄切りにしてラップをかけ、電子レンジで3分加熱する。なすは輪切り、パプリカは1cm幅に切り、オクラはガクを取る。

② 炒める

鍋に油をひいて火にかけ、にんにくとしょうがを入れる。香りが立ったら鶏肉とカレー粉を入れて炒め、Aを加える。

③ 煮る

なす、オクラ、パプリカを入れて、具材がやわらかくなったら、かぼちゃを加えてサッと火を通す。お好みでパクチーをのせる。

**塩麹は
万能調味料**

肉、魚、野菜などを漬けておくだけで、旨味やコクが増す塩麹。鍋の味が物足りないときは、塩の代わりに使いましょう。ただし、塩麹は種類によって塩分量が異なるので、使用する分量は味をみながら調整してください。

鶏がらスープの
代わりに
めんつゆを使えば、
和風仕立ての
カレー鍋に
……………

味変タレ
・ヨーグルトにんにく（P121）
・サルサ（P123）

糖質
21
g

カロリー
377
kcal

調理時間
15
min

参鶏湯風鍋
（サムゲタン）

鶏とごぼうをやさしい味の白いスープで味わう。

材料 （1人分）

鶏手羽元 …· 4本
ごぼう …· 20g
長ねぎ …· 1/2本
干ししいたけ …· 1個
※水1½カップで戻す（戻し汁も使用）

塩 …· 少々
粗挽きこしょう …· 少々
糸唐辛子 …· 適宜

A
- 鶏がらスープの素（顆粒）
  …· 小さじ1
- 酒 …· 大さじ1/2
- にんにく（つぶす）…· 1片分
- しょうが（千切り）…· スライス3枚分
- オートミール …· 大さじ2

作り方

1 下準備

ごぼうはささがき、長ねぎの白い部分は2cm幅の斜め切り、青い部分は薬味用に小口切りにする。干ししいたけは水で戻して細切りにする。

2 煮る

具材とA、しいたけの戻し汁を鍋に入れて火にかけ、弱火で煮る。

3 仕上げ

具材がやわらかくなったら、塩と粗挽きこしょうで味を調え、薬味用のねぎを散らす。お好みで糸唐辛子をのせてもOK。

オートミールで雑炊風に

GI値*が低く、食物繊維が豊富なオートミール。鍋に加えることで、雑炊のようなトロトロの味わいに変わります。参鶏湯風スープと合わせると、栄養はもちろん、ボリュームもアップ！

＊ 血糖値の上昇度を数値化したもの

食べる直前に、ごま油やコチジャンを入れても○K
…………

味変タレ
・韓国風ポン酢（P121）
・ごまみそ（P122）
・練りごまラー油（P122）

糖質 **18** g

カロリー **354** kcal

調理時間 **15** min

野菜たっぷりの餃子鍋

冷凍餃子と冷蔵庫の残り野菜でかんたん旨鍋。

材料 (1人分)

冷凍餃子 …… 6個

にんじん …… 1/4本

長ねぎ …… 1/2本

豆苗 …… 1/4袋

しょうが(千切り) …… スライス2枚分

A ┌ 鶏がらスープの素(顆粒)
  │   …… 小さじ1
  │ 水 …… 1½カップ
  └ しょうゆ …… 小さじ1

作り方

① 切る

長ねぎは1cm幅の斜め切り、豆苗は根元を切り落として半分の長さに、にんじんは短冊切りにする。

② 煮る

鍋にAを入れて火にかけ、煮立ったらしょうがと長ねぎ、にんじんを加える。ひと煮立ちしたら餃子を加えて火が通ったら豆苗を入れる。

**豆苗はぜひ
再利用して**

豆苗は切り落とした根元を水に浸け、室内の日当たりのいい場所に置いておくと再生します。切り落とすときに「脇芽」を残すこと、日に1～2回水を替えることが栽培のコツ。2回ほど収穫可能です。

ラー油や
ごま油などを
回しかけて
食べるのも
おすすめ！

味変タレ
・にらポン酢（P121）
・カレーポン酢（P121）
・ごま＆オイスター（P122）
・練りごまラー油（P122）
・練りごましょうが（P123）
・ザーサイねぎ（P123）

糖質
33
g

カロリー
265
kcal

調理時間
10
min

薬味たっぷり豆乳しゃぶしゃぶ

ヘルシーなしゃぶしゃぶを豆乳でコクUP。

材料 (1人分)

豚ロース肉 (しゃぶしゃぶ用)
　… 100 g
レタス … 1/4個
にんじん … 1/3本
豆乳 … 1カップ
かいわれ大根 … 20 g
みょうが … 1本
青ねぎ … 10 g

A ┌ 白だし … 大さじ1
　└ 水 … 3/4カップ

作り方

1 下準備

レタスは食べやすい大きさにちぎり、にんじんはピーラーで薄くスライスする。みょうがは薄い輪切り、青ねぎは小口切り、かいわれ大根は根元を切り落とす。

2 煮る

鍋にAを入れて火にかけ、煮立ったら豆乳を加える。再び煮立ったら火を弱め、具をスープにサッとくぐらせる。みょうが、かいわれ大根、青ねぎと一緒にいただく。

**鍋には
ピーラー野菜が
おすすめ**

にんじんや大根、ごぼうなどの根菜は、ピーラーで薄く削ると早く煮えるので、調理時間を短縮できます。さらに、リボンのような形状になるので、鍋を華やかに見せる効果も！
※「ぶりの酒粕鍋」(P100)でもピーラー野菜を使用

味変タレ
- しょうがポン酢（P120）
- 梅ポン酢（P120）
- 練りごまラー油（P122）
- 練りごましょうが（P123）
- エスニック（P123）
- サルサ（P123）

糖質
15
g

カロリー
374
kcal

調理時間
10
min

豆腐や湯葉を
足してもｇｏｏｄ！
たっぷりの薬味と
一緒に食べて

豚バラもつ鍋風

もつを豚バラに代えてお手軽なもつ鍋風に。

材料 (1人分)

豚バラ肉(薄切り) …. 80 g
キャベツ …. 130 g
豆腐 …. 1/3丁(100 g)
にら …. 1/3束
にんにく(スライス) …. 1/2片分
鷹の爪(輪切り) …. 1本分
白いりごま …. 少々

A
鶏がらスープの素(顆粒) …. 小さじ1
合わせだし …. 1 ½カップ
酒 …. 小さじ2
みりん …. 小さじ2
しょうゆ …. 小さじ2
にんにく(つぶす) …. 1片分

作り方

① 下準備

豚肉は3cm幅、キャベツはざく切り、にらは5cmの長さ、豆腐は1cm幅に切る。

② 煮る

キャベツを鍋の底に敷きつめ、豆腐、豚肉をのせてAを注ぐ。にらを鍋の中央に並べて火にかける。

③ 仕上げ

野菜に火が通ったらにんにくと鷹の爪、白ごまを散らす。

Advice!

**具材は煮込まず
サッと火を通して**

本場博多のもつ鍋は、しょうゆ味が王道。豚バラの脂の甘味を引き立てるスープです。具材は煮込まずにサッと火を通して食べるのがおすすめ！スープに味がしっかりついているので、何もかけずそのままいただきましょう。

もう少し
食べたいときは、
鍋に低糖質麺を
プラス……

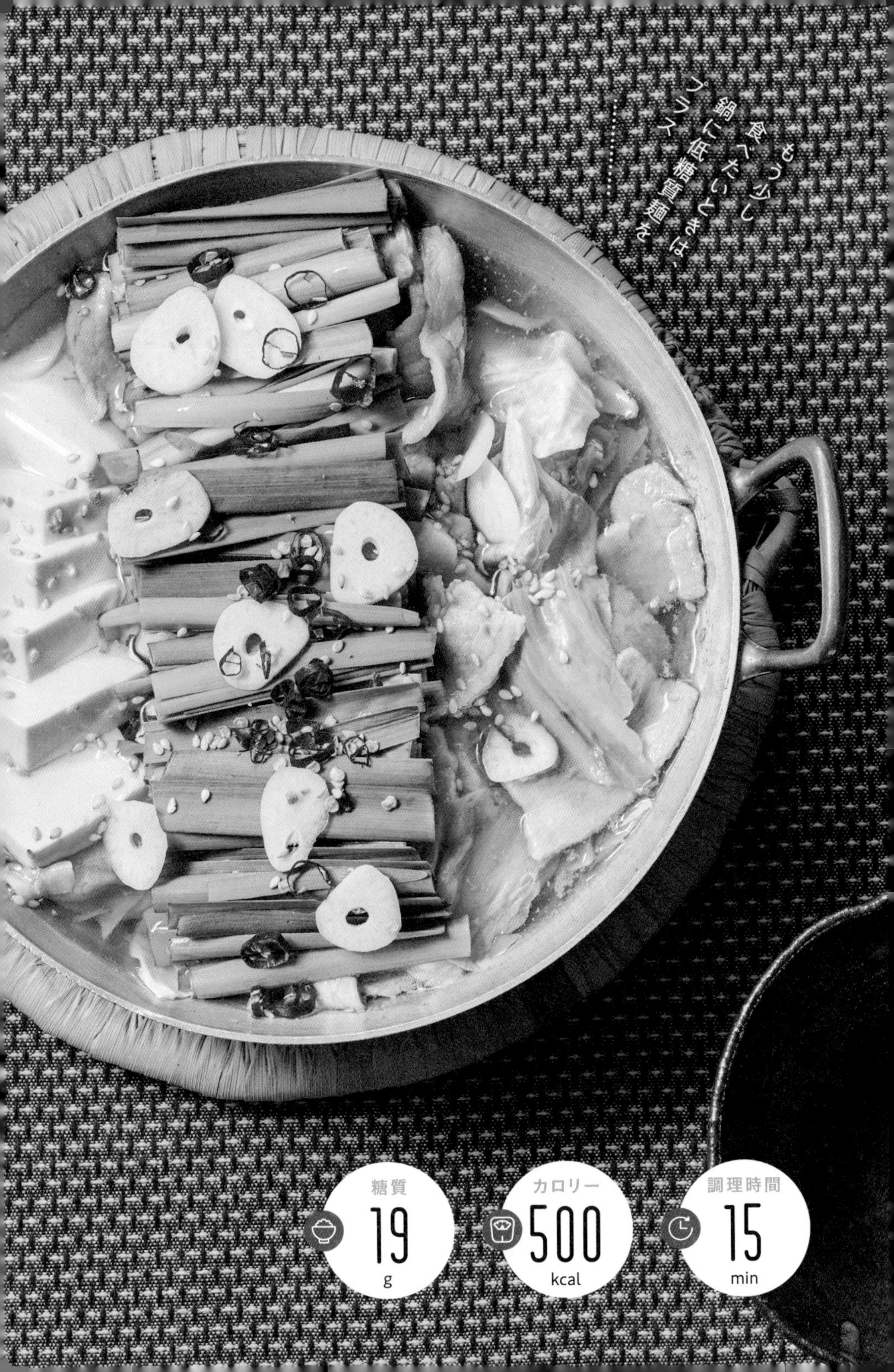

糖質 19 g

カロリー 500 kcal

調理時間 15 min

トムヤムヌードル鍋

辛い・酸っぱい・旨い！トムヤムクンを身近な材料で再現！

材料 （1人分）

むきエビ …. 60 g
しめじ …. 50 g
緑豆春雨（下ゆで不要のもの）…. 40 g
にんにく（すりおろし）…. 小さじ1
しょうが（すりおろし）…. 小さじ1
豆板醤 …. 小さじ1
サラダ油 …. 小さじ2
レモン汁 …. 大さじ1
パクチー …. 適宜

A
　鶏がらスープの素（顆粒）
　　…. 小さじ1
　水 …. 1½カップ
　砂糖 …. 小さじ1/2
　ナンプラー …. 小さじ1

作り方

1 下準備

しめじは石づきを取り、小房に分ける。

2 煮る

鍋に油をひいて火にかけ、にんにく、しょうが、豆板醤を入れる。香りが立ったらAを加え、ひと煮立ちしたら①と緑豆春雨を加える。

3 仕上げ

春雨が透明になったら、むきエビを加えてサッと火を通す。レモン汁をかけ、お好みでざく切りにしたパクチーをのせる。

**むきエビは
下処理すると
美味しさUP！**

むきエビは塩（ひとつまみ）と片栗粉（大さじ1）で揉み込み、水で洗い流すと臭みが取れてグッと美味しくなります。洗ったあとはペーパータオルで水気を軽く拭いてから使いましょう。

味変タレ
・エスニック (P123)

糖質
40
g

カロリー
310
kcal

調理時間
10
min

豆板醤の量を
加減して、
お好みの辛さに
調整しましょう

なすの揚げびたし風鍋

蒸し焼きで揚げなすの味わいを楽しめるヘルシー鍋。

材料 (1人分)

鶏むね肉 …・ 80 g
なす …・ 小2本
ししとう …・ 2本
大根 (すりおろし) …・ 50 g
しょうが (すりおろし) …・ 小さじ1½
青ねぎ …・ 10 g
サラダ油 …・ 大さじ1½

A
```
めんつゆ (3倍濃縮) …・ 大さじ2
水 …・ 1½カップ
```

作り方

1 下準備
鶏肉は皮を取り除いて一口大に、なすは乱切りにする。

2 蒸し焼きする
鍋にサラダ油をひいて火にかけ、なすの皮面から焼く。全体に油が回ったら、ふたをして蒸し焼きにする。

3 煮る
なすがくったりしたらAを入れ、ひと煮立ちしたら鶏肉としし とうを加えて3分ほど煮る。

4 仕上げ
大根おろしとしょうがをのせて小口切りにした青ねぎを散らす。

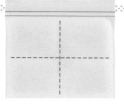

大根おろしは冷凍保存

大根をおろしたら汁ごと保存袋に入れ、平たくして冷凍しましょう。1回使用する分量を目安に、袋の上から箸などで押さえて筋をつけておくと、使用する際に割って使うことができます。

味変タレ
・さっぱりみぞれ（P121）

糖質
13
g

カロリー
346
kcal

調理時間
15
min

お好みで
七味唐辛子をふると
味のアクセントに

夏野菜のラタトゥイユ鍋

レンジを使って時短したお手軽ラタトゥイユ。

材料 （1人分）

なす …… 中1/2本
ズッキーニ …… 小1/2本
パプリカ（黄）…… 1/4個
ミニトマト …… 4個
ソーセージ …… 3本
にんにく（スライス）…… 1/2片分
オリーブオイル …… 大さじ1
塩 …… 小さじ1/3
こしょう …… 少々

A ┌ トマトジュース …… 3/4カップ
  └ 白ワイン …… 大さじ2

作り方

1 切る

なす、ズッキーニは1cm幅の輪切り、パプリカは乱切り、ミニトマトは半分に切る。

2 加熱する

耐熱容器に①とにんにく、塩、こしょう、オリーブオイルを入れて軽く混ぜ合わせ、ふんわりとラップをかけて電子レンジで6分加熱する。

3 煮る

鍋にAを入れて火にかけ、煮立ったら②とソーセージを入れて5分ほど煮る。仕上げにこしょうをふる。

低糖質パンを鍋のお供に

鍋のお供には、低糖質パンがおすすめ。大豆の粉やブラン（ふすま）などを配合し、たんぱく質や食物繊維がとれるものもあり、ダイエットの強い味方です。このレシピでは、野菜の甘味が溶け込んだスープに浸して食べて。

オレガノなどの
ハーブがあれば
仕上げに
ふりかけて
………

味変タレ
・ヨーグルトにんにく（P121）

糖質 **12** g

カロリー **358** kcal

調理時間 **15** min

秋

白菜漬けと豚バラの発酵鍋

発酵野菜ときくらげで腸内環境を整えるデトックス鍋。

材料 （1人分）

豚バラ肉（薄切り）…80g
白菜漬け…100g
しらたき…100g
きくらげ（乾燥）…2g
※お好みのきのこでもOK

しょうが（千切り）…スライス2枚分
ごま油…小さじ1
粗挽きこしょう、花椒…各適宜

A
鶏がらスープの素（顆粒）
　…小さじ1
水…1½カップ
塩…適宜
※白菜漬けの塩気によって調整

作り方

① 下準備

豚肉と白菜漬けは食べやすい大きさに切る。きくらげは水で戻す。

② 炒める

鍋にごま油としょうがを入れて火にかけ、香りが立ったら豚肉、白菜漬けの順に加えて炒める。

③ 煮る

A、しらたき、きくらげを加えて煮る。お好みで粗挽きこしょうや花椒をふる。

**白菜漬けを
自分で
作るなら**

塩のみで漬けた発酵白菜漬けを利用しましょう。浅漬けの場合は、野菜室で「賞味期限＋数日」すると程よい酸味に発酵します。自分で作る場合は、ざく切りにした白菜1/4株に塩15gと大さじ1の酢を合わせ、冷蔵庫に2〜3日保存するだけでできあがります。

ヨーグルトポン酢を……
合わせると
発酵×発酵のW発酵で
からだにもプラス!

味変タレ
・こしょうポン酢 (P120)
・ヨーグルトポン酢 (P120)
・ザーサイねぎ (P123)

糖質	カロリー	調理時間
3 g	**386** kcal	**10** min

秋

きのこのミルクチーズ鍋

たくさん食べても罪悪感なしのきのこをチーズと一緒に！

材料 （1人分）

お好みのきのこ … 200 g
※このレシピでは、しめじ、マッシュルーム、
まいたけ、エリンギを使用

ピザ用チーズ … 50 g
牛乳（または豆乳）… 1/2 カップ
みそ … 小さじ1
粗挽きこしょう … 適宜

A ┌ 白だし … 小さじ2
  └ 水 … 1/2 カップ

作り方

1 下準備

きのこは石づきを取って小房に分
け、長いものは食べやすい長さに
切る。

2 煮る

鍋にAを入れて火にかけ、煮立っ
たらきのこを入れる。火が通った
ら、牛乳とみそを加えて味を調え
る。

3 仕上げ

ピザ用チーズを入れて、とろりと
してきたら火を止める。お好みで
粗挽きこしょうをふる。

Advice!

**チーズを変えると
チーズフォンデュに**

ちょっと奮発してグリエールチーズやエメンタール
チーズを使うと、まるでチーズフォンデュのような
濃厚な味わいに。きのこは3種類以上使うと、味に
深みが出てより美味しくいただけます。

低カロリーの
きのこも
リッチなスープで
満足感アップ！
………………

味変タレ
・こまみそ（P122）

糖質	カロリー	調理時間
11 g	291 kcal	15 min

豆乳担担鍋
タン タン

麺の代わりに厚揚げを使用。糖質控えめで栄養満点!

材料 (1人分)

豚挽き肉 …・50g
厚揚げ …・3/4枚(140g)
ちんげん菜 …・50g
にんにく(すりおろし) …・小さじ1/2
しょうが(すりおろし) …・小さじ1/2
豆板醤 …・小さじ1
にら(または青ねぎ) …・2本
ザーサイ(味付き) …・大さじ1/2
白すりごま …・小さじ1
豆乳 …・1/2カップ
ごま油 …・小さじ1½

```
  ┌ 鶏がらスープの素(顆粒)
A │   …・小さじ1
  └ 水 …・3/4カップ
```

作り方

① 下準備
厚揚げとちんげん菜はちぎり、にらは小口切り、ザーサイは細かく刻む。

② 炒める
鍋にごま油、にんにく、しょうがを入れて火にかけ、香りが立ったら豚肉、豆板醤を加えて炒める。

③ 煮る
Aを入れて、煮立ったら厚揚げとちんげん菜を茎から入れる。

④ 仕上げ
厚揚げが温まったら豆乳を加え、煮立ったらにらとザーサイ、白すりごまを散らす。

肉の代わりになる厚揚げ

厚揚げの栄養価は木綿豆腐より高く、たんぱく質は豆腐の約1.5倍、鉄は1.7倍以上、カルシウムは2.5倍以上あります。ボリューム満点で食べごたえのある食材です。

すりごまを
練りごまにすると
より本格的！

味変タレ
・練りごまラー油（P122）

糖質 **7** g

カロリー **496** kcal

調理時間 **15** min

秋

納豆のキムチチゲ

キムチ＆納豆のＷ発酵食品をメインにした鍋。

材料 （1人分）

納豆 …· 1パック（50ｇ）
白菜キムチ …· 80ｇ
豆腐 …· 1/3丁（100ｇ）
えのきだけ …· 1/2袋
長ねぎ …· 1/2本
にら …· 1/3束
ごま油 …· 小さじ2
にんにく（すりおろし）…· 小さじ1/2
コチジャン …· 小さじ1/2

A
鶏がらスープの素（顆粒）
　…· 小さじ1
合わせだし …· 1 ½カップ
酒 …· 大さじ1

作り方

1 下準備

豆腐は1cm幅の角切り、長ねぎは1cm幅の斜め切り、にらは5cmの長さに、えのきだけは石づきを取って食べやすいように裂く。納豆は混ぜる。

2 炒める

鍋にごま油とにんにくを入れて火にかける。香りが立ったらキムチを入れてサッと炒め、Aを加える。

3 煮る

納豆以外の具材を入れ、煮立ったらコチジャンで味を調える。全体に火が通ったら納豆をのせる。

**ズッキーニを
加えるのもおすすめ**

本場韓国のキムチチゲにはズッキーニが入っています。旬の夏は安く入手できるので、ぜひこのレシピに加えて。ズッキーニはビタミンＣがたっぷりで美肌にも貢献します。

味変タレ
・ヨーグルトにんにく（P121）

糖質
19
g

カロリー
341
kcal

調理時間
15
min

〆に卵を落としたり、
チーズを溶かしても
美味しい

秋

鮭のみそバター鍋

みそバターのコクが具材とベストマッチのまったり鍋。

材料 （1人分）

鮭 …. 80 g
キャベツ …. 80 g
玉ねぎ …. 1/4個
じゃがいも …. 小1個
コーン（缶詰）…. 大さじ2
みそ …. 大さじ1
※塩鮭を使う場合は味をみて分量を調整
バター …. 5 g
粗挽きこしょう …. 適宜

A
合わせだし …. 1 ½ カップ
みりん …. 大さじ1
酒 …. 大さじ1

作り方

① 切る
鮭は食べやすい大きさに、キャベツはざく切りに、玉ねぎとじゃがいもは1cm幅に切る。

② 煮る
Aを鍋に入れて火にかけ、玉ねぎ、じゃがいもを加えてふたをして煮る。じゃがいもがやわらかくなったら残りの具材を入れ、みそを溶き入れる。

③ 仕上げ
バターをのせ、お好みで粗挽きこしょうをふる。

Advice!

ちょっとの
アレンジで
別メニューに！

アレンジ❶
酒粕や牛乳、豆乳を加えて、よりコクのある鍋に。

アレンジ❷
合わせだしを**鶏がらスープ**に替えて、**わかめ**をプラス！

味変タレ
・ヨーグルトポン酢（P120）
・練りごまラー油（P122）
・青のりオイル（P123）

糖質	カロリー	調理時間
40 g	**381** kcal	**20** min

鮭は骨付きや
アラなどを使うと、
だしが出で
より美味しい

ごぼうと牛肉のみそうどん鍋

ごぼうのみそ煮を糖質0gの麺と一緒に鍋焼き風に。

材料 (1人分)

牛もも肉(薄切り) …. 100g

ごぼう …. 1/2本

長ねぎ …. 1/2本

糖質0gの麺(平麺) …. 1/2袋(85g)

しょうが(千切り) …. スライス2枚分

白いりごま …. 適量

糸唐辛子 …. 適量
※一味や七味でもOK

水 …. 1½カップ

A
「 みそ …. 大さじ1
└ めんつゆ(3倍濃縮) …. 大さじ1

作り方

① 下準備

牛肉は食べやすい大きさに、ごぼうはささがきに、長ねぎは斜め切りにする。糖質0gの麺は洗って水気をきる。

② 煮る

鍋に水、しょうが、ごぼうを入れ、ふたをして火にかける。ごぼうがやわらかくなったらA、長ねぎ、牛肉、糖質0gの麺を加える。

③ 仕上げ

具材に火が通ったら、白いりごまをふりかけ、糸唐辛子をのせる。

**ごぼうは
下処理して
冷凍保存**

ごぼうはささがきなど、よく作る料理に合わせて切り、水にさらしてアクを抜き、水気を拭き取ってから保存袋に入れて冷凍庫へ。1ヶ月ほど保存可能です。

にんにくのすりおろしや酢を入れて煮込んでも美味しい！

糖質
16
g

カロリー
319
kcal

調理時間
15
min

秋

きのこたっぷりとろろ鍋

きのこをとろろにからめて食べるヘルシーな旨鍋。

材料 （1人分）

鶏むね肉 …… 100 g

お好みのきのこ …… 200 g

※このレシピでは、しめじ、えのきだけ、まいたけ、しいたけを使用

長いも …… 100 g

しょうが（千切り）…… スライス2枚分

片栗粉 …… 大さじ1

七味唐辛子 …… 適宜

A
┌ 合わせだし …… 1½カップ
│ しょうゆ …… 大さじ1
│ 酒 …… 大さじ1
└ みりん …… 大さじ1

作り方

① **下準備**

きのこは石づきを取って小房に分け、鶏肉はそぎ切りにして片栗粉をまぶす。長いもはすりおろす。

② **煮る**

鍋にAを入れて火にかけ、煮立ったら、きのこ、しょうが、鶏肉を加え、ふたをして煮る。

③ **仕上げ**

全体に火が通ったら長いもをのせて火を止める。お好みで七味唐辛子をふる。

Advice!

**片栗粉をまぶして
鶏むね肉を
口当たりよく**

鶏むね肉は片栗粉をまぶすことで、肉汁の流出を防ぐことができます。旨味を逃さず、中はしっとり、表面はつるりとしたなめらかな食感に仕上がります。

味変タレ
・しょうがポン酢 (P120)
・めんつゆマスタード (P122)
・わさび塩オイル (P123)

糖質
38
g

カロリー
364
kcal

調理時間
15
min

とろみスープで
体の芯から
ポカポカに

秋

トルコ風肉団子鍋

にんにく風味のヨーグルトだれを味のアクセントに。

材料 (1人分)

冷凍肉団子 (P30参照) …. 80g
※市販のものでもOK

なす …. 小2本
ピーマン …. 1個
にんにく (みじん切り) …. 1/2片分
オリーブオイル …. 大さじ1
ヨーグルトにんにく (P121参照) …. 適量
イタリアンパセリ …. 適宜
チリパウダー、こしょう …. 各適宜

A
トマトジュース …. 1カップ
コンソメスープの素 (顆粒)
…. 小さじ1 ½
クミンパウダー …. 小さじ1/4
※カレー粉でもOK

作り方

1 切る
なすは6mm幅の輪切りに、ピーマンは1cm幅に切る。

2 煮る
鍋ににんにくとオリーブオイルを入れて火にかけ、香りが立ったらAを加える。煮立ったら具材を入れて10分ほど煮る。

3 仕上げ
ヨーグルトにんにくをかけ、お好みでチリパウダーやこしょうをかけ、刻んだイタリアンパセリを散らす。

**調味料としても
優秀なヨーグルト**

デザート感が強いヨーグルトですが、トルコでは調味料にしたり、ドレッシングにしたり。このレシピでは、塩、にんにくと合わせて料理のアクセントに。濃厚な肉団子にさわやかさをプラスしてくれるので、ぜひ試してみてください。

肉団子はまとめて作って冷凍保存しておくと便利

糖質
20
g

カロリー
400
kcal

調理時間
15
min

柳川風さんま鍋

さんま缶であっという間にできる柳川鍋もどき。

材料 （1人分）

さんまの蒲焼き（缶詰）…1缶（100g）
ごぼう…1/3本
長ねぎ…1/2本
卵…1個
みつば…適量
粉山椒、七味唐辛子…各適宜

A ┌ めんつゆ（3倍濃縮）…大さじ1
  └ 水…1カップ

作り方

1 下準備

ごぼうはささがきに、長ねぎは斜め切り、みつばは3cmの長さに切る。卵は溶く。

2 煮る

鍋にAとごぼうを入れて火にかけ、煮立ったら長ねぎを加えて煮る。ごぼうに火が通ったらさんまの蒲焼きを缶汁ごと加える。

3 仕上げ

溶き卵を回し入れ、ふたをして火を止める。みつばを入れて、お好みで粉山椒や七味唐辛子をふる。

**ごはんにのせて
柳川丼に**

このレシピは味付けがしっかりしているので、ごはんにのせてもOK。できれば食物繊維やビタミンが豊富な玄米ごはんがおすすめ。ただし糖質が多いので、お茶碗半分くらいにしましょう。

お手頃なさんま缶が
ボリュームたっぷりの
鍋に変身！

糖質 **21** g

カロリー **386** kcal

調理時間 **15** min

和風ポトフ

鶏肉の旨味と根菜の甘味が合わさった、胃にやさしいヘルシー鍋。

材料 （1人分）

鶏もも肉 …120g
かぶ…小2個
れんこん …50g
生しいたけ…1個
ゆで卵…1個
オリーブオイル…小さじ1

A
鶏がらスープの素（顆粒）
…小さじ1
昆布だし…1½カップ
塩…適宜

作り方

① 下準備

かぶは四つ割りに、かぶの葉はざく切りに、れんこんは8mm幅の輪切りにする。しいたけは石づきを取り、鶏肉は皮を取ってぶつ切りにする。

② 煮る

鍋にオリーブオイルを入れて火にかけ、鶏肉の表面を軽く焼く。Aを加えてかぶの葉以外の具材を入れ、ふたをして10分煮る。
※途中アクを取り除く

③ 仕上げ

かぶの葉を加え、サッと煮て火を止める。半分に切ったゆで卵をのせる。

Advice!

**さまざまな薬味やタレで
食材そのものの
味わいを楽しんで**

あっさりした味なので、右ページの「味変タレ」のほか、七味唐辛子やゆずこしょう、粒マスタードなど、さまざまな薬味で楽しんでください。

大きめに切った
野菜や鶏肉が
食べごたえあり。
満足感100%!

味変タレ
・ゆずこしょうマヨポン酢（P121）
・めんつゆマスタード（P122）
・青のりオイル（P123）
・わさび塩オイル（P123）

糖質
15
g

カロリー
362
kcal

調理時間
15
min

豆腐とカニカマのかきたま鍋

寒い日におすすめ！ トロトロのかきたまあんかけ。

材料 （1人分）

豆腐 …· 1丁（300 g）

カニカマ …· 4本（60 g）

きくらげ（乾燥）…· 3 g
※お好みのきのこでも OK

卵 …· 1個

水溶き片栗粉 …· 大さじ1
※片栗粉大さじ1/2と水大さじ1/2を混ぜる

青ねぎ …· 5 g

A
┌ 鶏がらスープの素（顆粒）
│　　…· 小さじ1 ½
├ 水 …· 1 ½カップ
│ しょうゆ …· 少々
└ しょうが（すりおろし）…· 小さじ1/2

作り方

① 下準備

カニカマは食べやすい大きさに裂く。卵は溶く。きくらげは湯で戻す。青ねぎは小口切りにする。

② 煮る

Aを鍋に入れて火にかけ、豆腐をスプーンですくいながら入れる。きくらげとカニカマを加えて煮る。

③ 仕上げ

豆腐が温まったら水溶き片栗粉でとろみをつけ、溶き卵を回し入れる。ひと煮立ちしたら青ねぎをのせる。

卵をふんわり仕上げるコツ

③の工程で溶き卵を入れる際は、卵液の入ったボウルを傾けて、箸を伝わせながら少しずつ回し入れると、ふんわりトロトロに仕上がります。

味変タレ
・ごま＆オイスター (P122)

糖質
15
g

カロリー
358
kcal

調理時間
10
min

最後に
ごま油をかけると
コクがアップ！

エビシュウマイのエビチリ鍋

冷凍シュウマイを使ってお手軽にエビチリ風に!

材料 (1人分)

冷凍エビシュウマイ …6個
長ねぎ …1本
豆腐 …1/2丁 (150g)

A
ごま油 …小さじ1
にんにく (すりおろし) …小さじ1/2
しょうが (すりおろし) …小さじ1/2
豆板醤 …小さじ1/2〜1

B
鶏がらスープの素 (顆粒)
　…小さじ1
水 …1½カップ
トマトケチャップ …大さじ1

作り方

① 切る

長ねぎは5cmの長さに、豆腐は食べやすい大きさに切る。

② 煮る

鍋にAを入れて火にかけ、香りが立ったらBを加える。煮立ったら①とエビシュウマイを加えて火を通す。

〆のおすすめは
しらたき。
低糖質・低カロリー!

しらたきは食物繊維を多く含む、罪なく食べられる食品のひとつです。鍋やスープに入れると、水分を吸って消化管内でふくらむので、満腹感も得られます。ゆでてアク抜きをすると、さらに美味しくなります。

糖質 **31** g

カロリー **349** kcal

調理時間 **10** min

辛さと甘味、トマトの酸味がマッチしたお手軽鍋！

冬

牛肉のはりはり鍋

旬の水菜が美味しい! 牛肉仕立てのはりはり鍋。

材料 （1人分）

牛肉（肩切り落とし）…… 150 g

水菜 …… 1/2束

えのきだけ …… 1/2袋

豆腐 …… 1/3丁（100 g）

A
┌ 合わせだし …… 1 ½カップ
│ しょうゆ …… 大さじ1 ½
│ 酒 …… 大さじ1
└ みりん …… 大さじ1

作り方

① 下準備

牛肉、水菜、豆腐は食べやすい大きさに切る。えのきだけは石づきを取って食べやすく裂く。

② 煮る

Aを鍋に入れて火にかけ、煮立ったら豆腐、えのきだけを入れる。火が通ったら、牛肉と水菜を加えてサッと煮る。

**美味しく
食べるコツ!**

牛肉は煮すぎてしまうと硬くなり、水菜は独特の食感が損なわれます。肉と水菜は最後に入れて、火を入れすぎないことが美味しさのコツ。鉄分が豊富な牛肉の赤身と、ビタミンCが豊富な水菜は、一緒に食べると体内への吸収率もアップ!

味変タレ
・しょうがポン酢（P120）
・こしょうポン酢（P120）
・わさびごまポン酢（P121）
・卵黄しょうゆ（P123）
・わさび塩オイル（P123）

糖質
19
g

カロリー
500
kcal

調理時間
10
min

粉山椒、ゆずこしょう、七味唐辛子など、お好みの香辛料をアクセントに

豆たっぷりミネストローネ鍋

蒸し大豆と野菜をトマトジュースで煮込んだ洋風鍋。

材料 （1人分）

蒸し大豆（または水煮）…・ 80 g
ブロッコリー …・ 4房（60 g ）
玉ねぎ …・ 小 1/2個
ベーコン …・ 1枚
ソーセージ …・ 2本
にんにく（みじん切り）…・ 1/2片分
オリーブオイル …・ 大さじ 1/2
塩 …・ 少々
こしょう …・ 少々

A
コンソメスープの素（顆粒）
　…小さじ 1 ½
トマトジュース…1カップ
ローリエ…1枚
※なくてもOK

作り方

① 切る

ブロッコリーは1房が大きければ
小分けにし、玉ねぎはみじん切り
にする。ベーコンは1cm幅に切る。

② 炒める

鍋ににんにくとオリーブオイルを
入れて火にかけ、香りが立ったら
玉ねぎを入れて炒める。

③ 煮る

玉ねぎが透明になったらAと残り
の具材を入れて煮る。塩とこしょ
うで味を調える。

Advice!

**大豆は「水煮」より
「蒸し」のほうが
栄養価が高い**

たんぱく質や食物繊維など栄養豊富な大豆。水煮や
蒸したものなど下ごしらえ済みのものがあり、炒め
ものや煮もの、サラダなどに使えて便利です。蒸し
大豆は水煮より栄養価が高いのでおすすめです。

糖質
16
g

カロリー
485
kcal

調理時間
15
min

お好みでパセリや
粉チーズをふっても
Good!

冬

さば缶と白菜の鍋

白菜にさば缶の汁をたっぷり吸わせたかんたん鍋。

材料 (1人分)

さば缶 (水煮) …. 1缶 (190g)
白菜 …. 1/8株
しょうが (千切り) …. 1片分
粗挽きこしょう …. 適量

A
┌ 白だし …. 大さじ1
│ 酒 …. 大さじ2
└ 水 …. 1カップ

作り方

① **下準備**

白菜を鍋の深さと同幅に切る。鍋の中央にさば缶をひっくり返して汁ごと入れ、周りを囲むように白菜を詰める。

② **煮る**

Aを加え、ふたをして煮る。白菜に火が通ったらしょうがをのせ、粗挽きこしょうをふる。

Advice!

さばみそ煮缶を使ってもOK!

このレシピではさばの水煮缶を使用しましたが、みそ煮缶でも美味しくできます。その場合、味付けはしょうゆや酒を少し足して調えるくらいでOK。お好みでラー油を垂らしてピリ辛味に仕立てるのがおすすめです。

味変タレ
・しょうがポン酢 (P120)
・もみじおろしポン酢 (P120)
・梅ポン酢 (P120)
・こしょうポン酢 (P120)
・ゆずこしょうマヨポン酢 (P121)
・さっぱりみぞれ (P121)
・青のりオイル (P123)

糖質
6
g

カロリー
427
kcal

調理時間
10
min

お好みで
ゆずこしょうや
七味唐辛子を
ふりかけて

冬

温野菜のチーズ蒸し鍋

野菜の素朴な味わいをなめらかなチーズと一緒に。

材料 （1人分）

ブロッコリー …. 80g
にんじん …. 小1/2本
玉ねぎ …. 小1/2個
さやいんげん …. 3本
カマンベールチーズ …. 1/2個
ソーセージ …. 2本
ゆで卵 …. 1/2個

A
白ワイン …. 大さじ3
白だし …. 大さじ1/2
水 …. 1/4カップ
オリーブオイル …. 大さじ1/2

作り方

① 切る

にんじんは1cm幅の拍子木切り、玉ねぎは1cm幅のくし形切りに、その他の野菜は食べやすい大きさに切る。

② 蒸し煮する

鍋にゆで卵以外の具材を入れて火にかけ、Aを回し入れる。煮立ったら弱火にし、ふたをして8分ほど蒸し煮にする。

③ 仕上げ

全体に火が通ったらカマンベールチーズを中央に据え、チーズが溶けたところで火を止める。最後にゆで卵を加える。

**ブロッコリーの茎は
捨てずに食べる**

ブロッコリーの茎は栄養豊富。ビタミンCやβカロテンがたっぷり含まれているので、細切りにする、薄くスライスするなどしていただきましょう。このレシピでは、チーズの下に忍ばせています。

味変タレ
・めんつゆマスタード（P122）

糖質
12
g

カロリー
495
kcal

調理時間
15
min

お好みで
粗挽きこしょうを
たっぷりふりかけて

酸辣湯風鍋
サン ラー タン

酸味と辛味が後を引く酸辣湯をかんたん鍋にアレンジ。

材料 (1人分)

豚肉 (こま切れ) …. 50 g

にんじん …. 1/4本

長ねぎ …. 1/4本

干ししいたけ …. 1個
※水1½カップで戻す (戻し汁も使用)

豆腐 …. 1/2丁 (150 g)

卵 …. 1個

水溶き片栗粉 …. 大さじ1
※片栗粉大さじ1/2と水大さじ1/2を混ぜる

```
  ┌ 鶏がらスープの素 (顆粒)
  │     …. 小さじ1
A │ しょうゆ …. 小さじ1/2
  │ にんにく (すりおろし) …. 小さじ1
  └ しょうが (すりおろし) …. 小さじ1
```

```
  ┌ 酢 …. 大さじ1〜2
B │ ラー油 …. 小さじ1〜2
  └ 粗挽きこしょう …. 適量
```

作り方

① 下準備

豆腐は食べやすい大きさに切る。長ねぎの青い部分は薬味用に小口切りにし、そのほかの野菜はすべて細切りにする。卵は溶く。

② 煮る

鍋にAとしいたけの戻し汁を入れて火にかけ、煮立ったら卵と薬味用のねぎ以外の具材を加える。

③ 仕上げ

野菜に火が通ったら水溶き片栗粉少しずつ入れる。とろみがついたら溶き卵を回し入れ、Bを加えて軽く煮る。薬味用のねぎをふる。

しいたけだしを使ってもOK!

このレシピではスープに干ししいたけの戻し汁を使いましたが、作り置きした「しいたけだし」(P11参照) を使用してもOKです。その場合は、しいたけだし1/2カップ+水1カップをAに加えましょう。

糖質
17
g

カロリー
399
kcal

調理時間
15
min

黒酢があれば
より本格的。
〆には春雨が
おすすめ！

冬

鶏つくねちゃんこ鍋

しょうがを利かせたつくねが美味しい!

材料 (1人分)

鶏挽き肉 ‥‥ 100 g
※市販の鶏団子でもOK

白菜 ‥‥ 130 g

長ねぎ ‥‥ 1/2本

春菊 ‥‥ 1/4束

しめじ ‥‥ 1/4パック
※お好みのきのこでOK

油揚げ ‥‥ 1枚

しょうが(すりおろし) ‥‥ 小さじ2

```
  ┌ 白だし ‥‥ 大さじ1
A │ しょうゆ ‥‥ 小さじ1
  └ 水 ‥‥ 1 ½カップ
```

作り方

① 下準備

鶏肉としょうがを練って団子にする。野菜、油揚げは食べやすい大きさに、しめじは石づきを取って小房に分ける。

② 煮る

Aを鍋に入れて火にかけ、具材を加えて煮る。野菜に火が通ったらお好みのタレと一緒にいただく。

Advice!

**鶏団子に
薬味を混ぜて
アレンジ団子に**

このレシピでは挽き肉としょうがを練るだけのシンプルな鶏団子にしましたが、時間があるときは、細かく切ったねぎや青じそを加えるなど、アレンジを楽しんでください。冷凍保存も可能なので、たくさん作っておくといろんな料理に使えて便利です。

味変タレ
・しょうがポン酢 (P120)
・ゆずこしょうマヨポン酢 (P121)
・練りごまラー油 (P122)
・卵黄しょうゆ (P123)
・練りごましょうが (P123)

糖質 **7** g

カロリー **370** kcal

調理時間 **15** min

タレのおすすめは
卵黄しょうゆ

冬

常夜鍋
じょう や

かんたんで栄養満点! 毎晩食べても飽きない鍋。

材料 （1人分）

豚バラ肉（薄切り）…. 100 g
ほうれん草 …. 1/2束
青ねぎ …. 適宜

A
┌ 昆布だし …. 250㎖
│ 酒 …. 大さじ3
└ 塩 …. 少々

作り方

① 切る

ほうれん草は半分の長さに、豚肉は食べやすい大きさに切る。

② 煮る

鍋にAを入れて火にかけ、煮立ったら①を入れて煮る。お好みで小口切りの青ねぎとポン酢でいただく。

Advice!

**シンプルな鍋は
いろんなタレで
味変を楽しんで**

具材が2つだけのシンプルさが特徴の常夜鍋ですが、きのこや豆腐、小松菜や白菜など、季節野菜を追加してもOK。シンプルな鍋だからこそ、つけダレを工夫して楽しみましょう。大根おろしや七味唐辛子をたっぷりかけていただくのもおすすめです。

味変タレ
・しょうがポン酢 (P120)
・梅ポン酢 (P120)
・こしょうポン酢 (P120)
・さっぱりみぞれ (P121)
・韓国風ポン酢 (P121)
・ねぎ塩 (P122)
・ごま＆オイスター (P122)
・卵黄しょうゆ (P123)
・練りごましょうが (P123)
・ザーサイねぎタレ (P123)

糖質
4
g

カロリー
474
kcal

調理時間
10
min

寒い季節の
鉄板メニュー

ぶりの酒粕鍋
（さけ　かす）

ぶりと大根が主役! 寒い季節は酒粕で体の中からポカポカに。

材料 （1人分）

ぶり ⋯⋯ 80g
※アラでも切り身でもOK

大根 ⋯⋯ 100g
にんじん ⋯⋯ 1/4本
里いも ⋯⋯ 1個
しらたき ⋯⋯ 100g

```
┌ 合わせだし ⋯⋯ 1 1/2カップ
A  酒 ⋯⋯ 大さじ1
└ みりん ⋯⋯ 大さじ1
```

```
┌ 白みそ ⋯⋯ 大さじ1
B  酒粕 ⋯⋯ 50g
```

作り方

① 下準備

ぶりと里いもは、食べやすい大きさに切る。大根とにんじんはピーラーで薄く削る（P52参照）。しらたきは下ゆでして、食べやすい長さに切る。

② 煮る

鍋にAと里いもを入れて火にかけ、里いもがやわらかくなったら残りの具材を加えて煮る。ぶりが煮えたら火を止め、鍋の汁で溶いたBを加えて軽く混ぜる。

栄養価の高い酒粕を料理に使うには？

酒粕に含まれる食物繊維は腸内の善玉菌を増やし、ビタミンB群は美肌に貢献します。ただし加熱しすぎると酵母菌やビタミンB群が損なわれてしまうので、鍋で使用するときは最後に加えましょう。

ぶりのアラを使うと
いいだしが出て
より美味しい！

味変タレ
・ごまみそ (P122)
・練りごまラー油 (P122)

糖質	カロリー	調理時間
35 g	**495** kcal	**20** min

血糖値が上がりにくい もち麦はダイエットに最適！

「もち麦」は押し麦と同じ、大麦の一種。「うるち性」の押し麦に対して、もち麦は「もち性」でプチプチとした食感が特徴です。腹持ちがよく、食物繊維の一種「βグルカン」が豊富に含まれています。

βグルカンは免疫力向上に貢献するとして注目を浴びている成分ですが、そのほかにも満腹感の持続作用や、食べたあとの血糖値の上昇を抑える作用もあります。

「日本栄養・食糧学会誌」によると、「糖質50ｇ分の白米」と「白米にもち麦を30％・50％・100％配合」して炊いたごはんをそれぞれ食べたあと、時間を追って血糖値を測定したところ、「もち麦の配合率が高くなるほど血糖値が低下した」との研究結果も出ています（グラフ参照）。

このようにもち麦は、健康効果が期待できるとともに「お米が大好きだけど太るから……」と、主食を抜いてダイエットを頑張っている人にとって、大きなサポートアイテムになります。

ぜひお米にもち麦を混ぜて食べましょう。もち麦の栄養分はもちろん、噛みごたえも増して満足感も得られますよ。

●10人の健常被験者における 血糖値反応

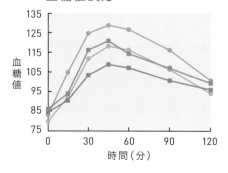

血糖値

時間（分）

●白米100%　●白米70%：大麦30%
■白米50%：大麦50%　■大麦100%

※出典／日本栄養・食糧学会誌
　　　　第71巻　第6号　283-288（2018）
　　　　青江誠一郎、小前幸三、井上裕、村田勇、
　　　　峰岸悠生、金本郁男、神山紀子、一ノ瀬靖則、
　　　　吉岡藤治、柳沢貴司（敬称略）
　　　　https://www.jstage.jst.go.jp/article/
　　　　jsnfs/71/6/71_283/_pdf

※左のグラフは上記出典元に掲載されたグラフをトレース・色付けしたものです。

かんたん

余った食材で作る………

副菜

※副菜のレシピは、作りやすい分量で記載しています。

さっぱりレモン仕立て
春菊を生でモリモリ

春菊のやみつきサラダ

材料 （1人分）

春菊 …· 1/2束
白いりごま …· 適宜

A［
鶏がらスープの素（顆粒）
　　　…· 小さじ1/3
ごま油 …· 大さじ1
レモン汁（または酢）…· 大さじ1/2
塩 …· 少々
］

作り方

① 春菊の葉は手で摘み、茎は長さ2㎝に切って、水にさらす。

② 水気をきった①とAを合わせて、お好みで白ごまをふる。

Memo ：レモン汁（または酢）を合わせて、さわやかな味に仕立てました。レモン汁を入れずにナムル風に仕立てると、また違った味わいに。

塩麹とオリーブオイルのまろやかさがやみつきに

みょうがの梅塩麹和え

材料 （1人分）

みょうが …. 3本
梅干し …. 大1個
塩麹 …. 小さじ1
オリーブオイル …. 小さじ1

作り方

① みょうがは斜め薄切りにする。

② 梅干しは種を取り出し、包丁でたたいてペースト状にし、塩麹とオリーブオイルを合わせ、①と和える。

Memo　梅干しや塩麹は製品によって塩分量が異なるので、味見をして使用する分量を加減してください。

105

かぶの甘さがグッと引き立つ！

かぶのオイスターソース煮

材料 （2〜3人分）

かぶ … 小3個
ごま油 … 大さじ1
オイスターソース … 大さじ1½
酒 … 大さじ1

作り方

1. かぶは皮ごと四つ割りにする。

2. 鍋にごま油をひいて火にかけ、①を炒める。オイスターソースを入れて、鍋をゆすりながら味をなじませる。

3. 酒を加え、ふたをして汁気がなくなるまで蒸し煮にする。
   ※途中1〜2回、箸でかき混ぜる

Memo　一度冷ますと味がしみてより美味しくいただけます。

リボン状にスライスしておしゃれな一皿に

にんじんのラペ

材料 (2〜3人分)

にんじん …… 小1本

A
┌ にんにく (すりおろし) …… 小さじ1/3
│ レモン汁 …… 大さじ1/2
│ ※ワインビネガーや酢でもOK
└ オリーブオイル …… 大さじ1/2

塩 …… 2〜3つまみ
こしょう …… 適宜
パセリ (みじん切り) …… 適宜

作り方

① にんじんをピーラーでスライスする。塩をふって5分ほどおき、出てきた水気をきる。

② Aを①に加えて和える。お好みでこしょうやパセリをふる。

Memo

・半日から1日おくと味がなじんでさらに美味しくなります。
・②の工程で、カレー粉やガラムマサラなどを少し入れ、エスニック風にアレンジするのもおすすめです。

「和えるだけ」の瞬間副菜！

大豆のオイルマリネ

材料 （1人分）

蒸し大豆（または水煮）…80g
塩昆布…4g
オリーブオイル…大さじ1

作り方

1. 蒸し大豆と塩昆布を合わせて、オリーブオイルを回しかける。

2. 常温で5分ほどおいて、味をなじませる。

Memo シンプルだからこそ、食材のよしあしが味を左右するレシピ。ちょっと奮発して良質のオリーブオイルを使うと、美味しさが劇的にアップします。

シャキシャキ食感が楽しい

ザーサイ豆腐

材料 （1人分）

豆腐 …. 1/2丁（150 g）
市販のザーサイ …. 30 g
長ねぎ …. 1/3本
ごま油 …. 大さじ 1/2

作り方

① ザーサイと長ねぎをみじん切りにし、ごま油と和える。

② 豆腐を大きめのスプーンですくって器に盛り、①をのせる。

Memo 豆腐麺と一緒に盛ってダイエットヌードル風に仕立てるのもおすすめです。

玉ねぎの
なめらかな
甘味が魅力！

玉ねぎの塩麹マリネ

材料 （2〜3人分）

玉ねぎ … 小1個
塩麹 … 大さじ1
酢 … 大さじ1
オリーブオイル … 大さじ1
かつお節 … 適量

作り方

1 玉ねぎを繊維に沿って薄切りにする。辛味の強い玉ねぎは5分ほど水にさらし、水気をきる。
※新玉ねぎの場合はそのままでOK

2 ①に塩麹、酢、オリーブオイルを加え、手で混ぜて味をなじませる。10分ほど冷蔵庫で寝かせ、食べる前にかつお節をふる。

Memo マリネは1日寝かせるとさらに美味しくなります。まとめて作り、味の変化を楽しんで。※冷蔵庫で1週間ほど保存可能

シャクシャク感とピリっと利いたこしょうがポイント

縦切りれんこんのきんぴら

材料 (3人分)

れんこん …. 180 g
ごま油 …. 小さじ1
粗挽きこしょう …. 小さじ1

A
しょうゆ …. 大さじ1½
砂糖 …. 大さじ1
酒 …. 小さじ2

作り方

① れんこんは縦方向に幅1㎝、長さ5㎝に切る。水にさらして水気をきる。

② フライパンにごま油の半量をひいて火にかけ、①を炒めてAで味を調える。

③ 水分が飛んだら、残りのごま油を回しかけ、こしょうをふる。

Memo れんこんを縦に切ることで、シャクシャクとした歯ざわりを楽しめます。

エスニック風味
甘すぎない
大人の味
....

かぼちゃのエスニックサラダ

材料 （3〜4人分）

かぼちゃ …・ 180g
カレー粉 …・ 小さじ1/3
※カレー粉の代わりに、クミンシード（小さじ
　1/2）もおすすめ

オリーブオイル …・ 小さじ2
酢 …・ 大さじ1/2
塩 …・ 少々

作り方

① かぼちゃを薄切りにし、耐熱皿に並べる。水大さじ1（分量外）を回しかけ、ふんわりとラップをかけて電子レンジで4〜5分加熱する。

② フライパンを弱火にかけ、オリーブオイルとカレー粉を焦がさないように炒って香りを立たせる。

③ ①を粗くつぶし、②と酢を回しかけ、塩をふってざっくり混ぜる。

ワインにも
日本酒にも
マッチ

長ねぎの和風マリネ

材料 （1人分）

長ねぎ …· 1本
オリーブオイル …· 小さじ2
糸唐辛子 …· 適宜

A [
昆布だし …· 大さじ2
酢 …· 大さじ1
みりん …· 大さじ1
塩 …· ひとつまみ
]

作り方

① 長ねぎは6cmの長さに切り、それぞれに切り込みを2本浅く入れる。

② フライパンにオリーブオイルを入れて火にかけ、①を炒める。

③ 長ねぎがやわらかくなったら、熱いうちにAに漬ける。1時間ほど冷蔵庫で寝かせ、お好みで食べる前に糸唐辛子をのせる。

Memo 日持ちするので、まとめて作っておくと、おつまみや添えものとして便利です。
※冷蔵庫で1週間ほど保存可能

ゆで卵を少量のタレに漬けるだけ

味付き玉

材料 （3人分）

ゆで卵 …. 3個
※7〜8分ゆでたもの

A
しょうゆ …. 大さじ2
みりん …. 大さじ1
砂糖 …. 大さじ1/2

作り方

1 Aをよく混ぜ合わせ、砂糖が溶けたら冷蔵庫で冷やす。

2 ゆでたての卵と①を薄手のポリ袋に入れ、空気を抜いて口を閉じる。

3 冷蔵庫で20分ほど寝かせる。

Memo 大きいボウルに水を入れ、その中に工程②のポリ袋を沈めると空気がしっかり抜け、少量の調味料で味付けできます。

トマトの酸味がアクセント!

豚バラとなすの重ね蒸し

材料 （1人分）

豚バラ肉（薄切り）…… 60 g
なす …… 小1本
トマト …… 1/2個

A ┌ ポン酢 …… 大さじ1
  │ ごま油 …… 大さじ1/2
  └ 砂糖 …… 小さじ1/2

作り方

① なすは5mm幅の斜め切り、トマトは5mm幅の半月切り、豚肉は食べやすい大きさに切る。

② 耐熱皿に①を並べてふんわりとラップをかけ、電子レンジで2〜3分加熱する。そのまま1分おいて余熱で火を通す。

③ 器に盛りつけ、Aを②にかける。

Memo 電子レンジを使わない場合は、②の工程で蒸し器に入れ、中火で7〜10分蒸しましょう。

忙しいときの
プラス1品や
おつまみに

もやしとキャベツのナムル

材料 （2〜3人分）

もやし … 2/3袋
キャベツ … 1/8個
塩昆布 … 10g
にんにく（すりおろし）… 小さじ1/2
ごま油 … 大さじ1
白いりごま … 適量

作り方

1. キャベツを太めの千切りにし、もやしとともに耐熱容器に入れて電子レンジで2〜3分加熱する。

2. 塩昆布とにんにく、ごま油を加えて和え、白いりごまをふる。

Memo 電子レンジを使わない場合は、①の工程でキャベツともやしをフライパンに入れて中火にかけ、ふたをして蒸し焼きにしましょう。

水菜と大根のしょうがサラダ

材料 （1人分）

水菜 …· 1株

大根 …· 2cm

白いりごま …· 適量

A
- オリーブオイル …· 大さじ1/2
- しょうゆ …· 小さじ1
- しょうが（すりおろし）…· 小さじ1/2
- 砂糖 …· 小さじ2/3
- 酢 …· 大さじ1/2

作り方

① 水菜は4cmの長さに、大根は水菜と長さをそろえて細切りにし、ともに水にさらす。

② 水気をきった①とAを合わせ、白いりごまをふる。

Memo ②の工程でサラダチキンやツナなどを加えると、食べごたえのある一皿に。

ゆでたほうれん草となめたけがグッドマッチ！
…………

なめたけほうれん草

材料 （1人分）

ほうれん草 …・ 1/2束
市販のなめたけ …・ 大さじ2

作り方

1 ほうれん草をサッと塩ゆでし、冷水にとって水気をしぼる。

2 食べやすい長さに切り、なめたけと和える。

Memo すぐにできるので、「もう一品欲しい！」というときに役立つレシピです。ほうれん草の代わりに、小松菜でもOKです。

ゆずこしょうを
ピリリと利かせて

豆苗の肉巻きゆずこしょう風味

材料 （1人分）

豆苗 …· 1/2袋
豚バラ肉（薄切り）…· 3枚
酒 …· 大さじ1

A
「 ポン酢 …· 大さじ1
└ ゆずこしょう …· 小さじ1/2 ～ 1

作り方

① 豆苗は根元を切り落とし、3等分にする。豚バラ肉で豆苗を巻く。

∨

② 耐熱皿に①を並べて酒を回しかけ、ふんわりとラップをかけて電子レンジで1 ～ 2分加熱する。

∨

② 1分おいて余熱で火を通し、器に盛ってAをかける。

Memo　電子レンジを使わない場合は、②の工程で蒸し器に入れ、中火で5分ほど蒸しましょう。

鍋の楽しみが広がる 味変タレのすすめ

この本で紹介する鍋レシピは、ササッと食べられるようにスープに味がつけてありますが、味変タレがあればまた違った味わいに。調味料を混ぜるだけの自家製タレで、ぜひ味の変化を楽しんでください。

食材の旨味を引き出す王道タレ
しょうがポン酢

ポン酢 ⋯ 大さじ2
しょうが（千切り）⋯ 1片分

辛味を利かせたいときに
もみじおろしポン酢

ポン酢 ⋯ 大さじ2
大根おろし ⋯ 大さじ2
豆板醤 ⋯ 小さじ1/2

梅の酸味がアクセント
梅ポン酢

ポン酢 ⋯ 大さじ1
梅干し ⋯ 1個
※包丁でたたく

みりん ⋯ 大さじ1
白すりごま ⋯ 小さじ1

肉や魚介のソテーにも合う！
ヨーグルトポン酢

ポン酢 ⋯ 大さじ1
プレーンヨーグルト ⋯ 大さじ2
※砂糖不使用のもの

さっぱり味だけどクセになる
こしょうポン酢

ポン酢 ⋯ 大さじ2
粗挽きこしょう ⋯ たっぷり

何にでも合う万能調味料

にらポン酢

ポン酢 ···· 大さじ2
にら（みじん切り）···· 2本分
ラー油 ···· 適量

さわやかな柑橘の香り

さっぱりみぞれ

大根おろし ···· 大さじ2
白だし ···· 大さじ1
お好みの柑橘 ···· 小さじ2
※レモン、ゆず、かぼすなど

「まろやか」と「ピリリ」が合体！

ゆずこしょうマヨポン酢

ポン酢 ···· 大さじ2
マヨネーズ ···· 大さじ1
ゆずこしょう ···· 少々

シンプルな鍋に刺激をプラス

カレーポン酢

ポン酢 ···· 大さじ2
カレー粉 ···· 少々
こしょう ···· 少々

鼻ツンと香ばしさがポイント

わさびごまポン酢

ポン酢 ···· 大さじ2
ごま油 ···· 小さじ1
練りわさび ···· 小さじ1/4

ごまとにんにくで風味アップ！

韓国風ポン酢

ポン酢 ···· 大さじ2
コチジャン ···· 小さじ1
ごま油 ···· 小さじ1
白すりごま ···· 小さじ2
にんにく（すりおろし）···· 少々

異国の風が吹く

ヨーグルトにんにく

プレーンヨーグルト ···· 大さじ3
※砂糖不使用のもの
にんにく（すりおろし）···· 小さじ1/4
塩 ···· ひとつまみ

ねぎの量はお好みで

ねぎ塩

酢 ···· 大さじ 1 ½
ごま油 ···· 大さじ 1/2
塩 ···· ひとつまみ
長ねぎ（みじん切り）···· 適量

和風・洋風どちらにも！

めんつゆマスタード

めんつゆ（3倍濃縮）···· 小さじ 1/2
粒マスタード ···· 大さじ 1

コクと甘味をこのタレでプラス

ごまみそ

みそ ···· 小さじ 2
白すりごま ···· 大さじ 1
ごま油 ···· 小さじ 1/2
みりん ···· 大さじ 1

炒め調味料としても使える

ごま＆オイスター

オイスターソース ···· 小さじ 1
白すりごま ···· 大さじ 1
ごま油 ···· 大さじ 1/2
しょうゆ ···· 大さじ 1

ぜひ自家製の練りごまで！

練りごまラー油

練りごま ···· 大さじ 1
酢 ···· 大さじ 1
しょうゆ ···· 大さじ 1/2
砂糖 ···· 小さじ 1
ラー油 ···· 適量

自家製練りごまの作り方

白すりごま（100 g）とごま油（大さじ1）をミキサーまたはフードプロセッサーにかける。少量を作る場合は、材料をすり鉢に入れてごま油の量を少なめにし、すり鉢でする。

コクと旨味の万能タレ

練りごましょうが

練りごま ⋯⋯ 大さじ1
しょうが (すりおろし) ⋯⋯ 適量
しょうゆ ⋯⋯ 大さじ1
酢 ⋯⋯ 大さじ1
砂糖 ⋯⋯ 小さじ1

実はおつまみとしてもGood!

ザーサイねぎ

ポン酢 ⋯⋯ 大さじ2
ザーサイ ⋯⋯ 大さじ2
長ねぎ (みじん切り) ⋯⋯ 大さじ1
ごま油 ⋯⋯ 小さじ1

まろやかで香ばしい

卵黄しょうゆ

しょうゆ ⋯⋯ 大さじ2
卵黄 ⋯⋯ 1個分
かつお節 ⋯⋯ 2g
青ねぎ (小口切り) ⋯⋯ 適量

これだけでアジア感漂う

エスニック

しょうゆ ⋯⋯ 大さじ1
ナンプラー ⋯⋯ 大さじ1/2
チリソース ⋯⋯ 小さじ1
にんにく (みじん切り) ⋯⋯ 小さじ1/2
パクチー ⋯⋯ 適量

フレッシュな風味のラテンのタレ

サルサ

トマト ⋯⋯ 1/2個
玉ねぎ (みじん切り) ⋯⋯ 大さじ1
にんにく (みじん切り) ⋯⋯ 小さじ1/2
レモン汁 ⋯⋯ 小さじ1
塩 ⋯⋯ 適量

海鮮食材にベストマッチ

青のりオイル

オリーブオイル ⋯⋯ 大さじ1
青のり ⋯⋯ 適量
にんにく (すりおろし) ⋯⋯ 適量
塩 ⋯⋯ 適量

わさびをまろやか仕立てに

わさび塩オイル

オリーブオイル ⋯⋯ 大さじ1
練りわさび ⋯⋯ 適量
塩 ⋯⋯ 適量

食材別インデックス

STAFF

レシピ・料理 ……………………………… 高嶋純子

料理協力 …………………… JJ Kitchen in Tokyo

栄養計算 …………………… 志水あい／管理栄養士

デザイン …………………… 神宮雄樹（monocri）

撮影 ……………………………… 島根道昌

校正 …………………… 前田理子（みね工房）

編集 …………………… 中村美砂子（モック社）

協力 …………………… ナチュレライフ編集部

著者 ┊ 高嶋純子 Junko Takashima

海外ゲストへ家庭料理と和食の伝統や文化を伝えるキッチンスタジオ
「JJ Kitchen in Tokyo」を運営する傍ら、YouTube料理番組やWeb
メディアにて、レシピ開発、連載企画のフードコーディネー
トなどに携わる。世界各国、全国各地の郷土料理をヒントに、
発酵食品やスパイス、ハーブをふんだんに使った料理が得意。

協力 ┊ ナチュレライフ編集部

「自然の恵みで健康・キレイになる」をテーマに食・コスメ・情報を提供
するライフスタイルブランド。可能な限り添加物を使用しない健康食品
やコスメをはじめ、医師や農業法人とのコラボレーションによるハイク
オリティで体に優しい商品を展開。一方で最新の栄養学を基
にした書籍の編集協力やメディアづくりも手掛ける。

ナチュレライフ	検索

低糖質！ 食べても太らない 即ウマレシピ

罪悪感なしのひとり鍋ごはん

2021年2月 2 日初版発行
2023年6月27日第3刷発行

著　者	高嶋純子
発行者	川口秀樹
発行所	株式会社三空出版（みくしゅっぱん）
	〒101-0061 東京都千代田区神田三崎町3丁目5-9
	天翔水道橋ビル　411号室
	TEL：03-5211-4466　FAX：03-5211-8483
	WEB：https://mikupub.com
印刷・製本	三松堂株式会社

©Junko Takashima 2021 printed in Japan
ISBN：978-4-944063-75-8